サイドビジネスに最適！
空き家・空きビルを活用

地域貢献型
シェアハウス
投資

株式会社コマヴィレッジ
代表取締役
仲尾正人

合同フォレスト

賃貸経営に必要なことはすべてシェアハウスから学んだ

これから不動産投資を始めようと思っている人に、声を大にしてシェアハウス経営をおすすめします。

シェアハウスとは、親族ではない複数の人が1つの賃貸物件で生活する共同居住型の賃貸住宅のことです。一般の賃貸住宅とは異なり、キッチン・トイレ・シャワー（浴室）などの水回りが共用で、個人の部屋とは別に、入居者同士が交流できるリビングなどの共有スペースがある点が特徴です。

独身寮や学生寮など、日本には昔からシェアハウスに似た居住方法の文化があったことや、近年、若者の間で人とのつながりを求める動きが活発化してきたことなどにより、新しい住まいの形としてシェアハウスが定着しつつあります。

私は、これまでの14年間で延べ188室の賃貸住宅を経営し、現在、メールマガジン登録者数約2000人、LINE登録者数900人を超える不動産投資家のコミュニティを運営しています。

2017年には、賃貸経営のノウハウを教えるスクールを開講しています。受講生の中からは、2年で5000万円の利益を得る人を輩出しました。

これらの経験から、シェアハウスの賃貸経営はビジネスの基本的なエッセンスを学ぶことができるビジネスモデル（利益を生み出す事業構造）だと確信しています。

なぜなら、シェアハウス経営には、ビジネスの基本ともいえる「仕入れ（物件購入・融資交渉）⬇加工（リフォーム）⬇集客（入居者募集）⬇プレゼンテーション（内覧対応）⬇契約（入居審査・申込み手続き）⬇顧客フォロー（入居者管理）」といったすべての手順が含まれているからです。「シェアハウス経営を学ぶこと＝賃貸ビジネスの基礎を学ぶこと」と言っても過言ではありません。


本書を執筆中に、新型コロナウイルス感染症のパンデミック（世界的大流行）が発生しました。今なお、世界中で感染者や死者が増え続けています。幸いにも、私や講座受講生が運営するシェアハウスでは、クラスター（集団感染）は起きていません。観光業、飲食業、イベント業界などへ、甚大な経済的打撃を与えていますが、シェアハウスを経営する上での影響はほとんどなかったというのが実感です。

むしろ私は、今後さらにシェアハウスのニーズが高まると予測しています。景気の悪化によって家計が苦しくなり、家賃などの出費を抑えたい人が増えています。高収入を望めない若い世代は、一人暮らしよりも初期費用や生活コストが抑えられるシェアハウスに注目するでしょう。

本書でシェアハウス経営の基本を習得し、新たな利益を生み出していただければ、本書を書いた目的が叶います。

株式会社コマヴィレッジ代表取締役
仲尾正人

第1章 不動産投資の新時代が始まっている——どのステージを狙うのか

第2章 「物件」の選び方
――シェアハウス開業までの15ステップ

第3章 「融資獲得」のノウハウ ――物件の担保価値を計算する

第4章 「部屋割り」「デザイン」でさらに差別化を
——リフォームの実例から家具や家電の選び方までを伝授

第5章 「集客」の極意 ――Webを活用した募集テクニック

第6章 「管理」で入居者をつなぐ ――入居者審査、契約手続き、ハウスルール

第7章 シェアハウスによる地域貢献 ──「三方よし」の考え方

【ご注意】

本文で紹介している法令・制度・ホームページのＵＲＬなどの情報は執筆時点のものであり、変更されていることがあります。

必ず最新の情報を確認したうえで、行動することをおすすめします。

第1章

不動産投資の新時代が始まっている

——どのステージを狙うのか

もはや「ラクして儲かる」は通用しない

不動産投資に対して、「物件を購入すれば、あとは寝ていても家賃が入る」というイメージを持っている人が少なくありません。しかし実際には、「オーナーの労力は不要」「銀行が100%融資してくれる」「常に満室状態が続く」ということはあり得ないのです。

何の知識も持たずに不動産を取得し、ラクして儲けようと思う個人投資家が増えたため、それに便乗した不動産業者が次々とオーナーに物件を購入させていった。その結果、スルガショックのようなことが起きました。

スルガショックとは、「かぼちゃの馬車」というブランド名でシェアハウスを展開していた企業が2018年に経営破綻したことに端を発したもので、建築会社やスルガ銀行の一支店を含む組織ぐるみの不正が明らかになり、世間を大きく騒がせました（「かぼちゃの馬車事件」は何が問題だったのか？ 18ページ参照）。

この事件を受けて銀行の融資審査は厳しくなり、適正な物件価格を知らず、自分自身で採算性や返済能力を計算することもなく、営業マンの言葉を鵜呑みにしてラクに融資を受けてきたタイプの個人投資家は、物件を取得できなくなりました。

これからの不動産投資において、「ラクして儲かる」という甘い考えは通用しません。オーナー自身が学び、投資物件について精査することが重要です。

私は、価値の提供とは対価の交換であると考えています。利益を得たいのであれば、それだけの価値をお客様に提供し、お金と交換するのがビジネスの基本です。入居者をお客様だと想定し、常にどのような価値を提供できるかを考えなくてはいけません。

最近、不動産投資を始める人の多くが、中古の賃貸物件を購入しています。中古ということは、すでに入居者がいるため、ビジネスの基本である仕入れ後の加工・集客が必要ありません。しかし、不動産は通常、現金一括で買うわけではないのです。本当に必要な能力を習得せず、右も左もわからないまま1億円以上もの借り入れをしながらビジネスを始めるのは、かなりリスキーなことです。その点については、私が運営するスクールでも常に警鐘を鳴らしています。

なぜ不動産投資をするのか？ 自分の軸を固めよう

不動産を持つ目的は、人それぞれでしょう。たとえば、親から先祖代々の土地を受け継いだ人は、それを長く守っていくことが重要になり、利回りの高い事業よりも継続できる事業を選ばなければなりません。逆に資産を形成していきたい人は、利回りや売却益などの収入を重視する必要があります。最初から資金がある場合は、市街地で流動性の高いところを狙うべきですし、資金が少ない場合は郊外でなるべくよいエリアを探してエントリーしなければなりません。

不動産投資を始める際には、どのステージを狙っていくのかを明確にし、自分の立ち位置に合った投資をしているかどうかを常に意識しておくことが大切です。自分で決めた軸がブレてしまうと失敗を招きます。

書店で不動産投資関連の棚を見ていると、太陽光発電投資や民泊、貸倉庫、レンタルルームなどの文字が並んでいますが、こういったノウハウ本に書かれてあることをそのまま取り入れるのは危険です。

そもそも、融資を利用して不動産を購入する人と、不動産を相続する人、賃貸経営と一時利用のスペースレンタルなどでは、戦略・戦術が違ってきます。戦略とはシナリオや進むべき方向性のことで、戦術とはオペレーションや手段のことです。本書を含め、ノウハウ本が提示する内容を参考にしつつ、自分に合ったオリジナルの戦略・戦術を立てなければ意味がありません。

また、流行の物件や、自分が気になったものだけに手を出していくと、ちぐはぐな不動産経営になってしまいます。そのような場合、本来得ることができたはずの利益を手に入れられず、小さい商いで収まってしまうことが多々あります。自分が決めた軸を無視して不動産投資を進めるべきではないということです。

資産価値のない利回り50％の物件を取得するのか、資産価値のある10％の物件を取得するのか、それは皆さんの立ち位置によって変わってくるのではないでしょうか。

不動産投資を始める人に必要な、たった一つのスキル

不動産投資に必要なスキルとは、不動産にかかわる苦労をいとわないこと。この一点に尽きます。

私は他の不動産投資家や業者に任せっぱなしの大家さんとは違い、自ら資金を投入して建物を修繕することがあります。直しているときは苦痛に感じることもありますが、実際に店子さんが入ったり物件が売れたりしたときには、大きなやりがいが感じられ、大幅な利益と豊富なノウハウを得ることができました。

このような手間を惜しんで、業者から既製の中古物件や新築物件を買ったりするのではなく、長い目でとらえて価値を見いだせる物件を買うことが重要です。

今までの不動産投資に必要だったスキルは、いかに多くの融資を引き出すかということでした。これは数字のゴマカシも含めて、融資とは銀行を騙してお金を出させるものという考えがベースにあったからではないでしょうか。

これからの不動産投資には、事業を安定させて資産を増やし、金融機関の信頼を得ながら一緒に取り組んでいくというスタンスが必要になってきます。

「かぼちゃの馬車事件」は何が問題だったのか？

「かぼちゃの馬車事件」でシェアハウスのイメージが悪くなってしまいましたが、私はシェアハウスそのものが問題だったとは1ミリも思っていません。

ご存知ない方のために、事件についてご説明しましょう。

「かぼちゃの馬車」というブランド名でシェアハウスを展開していた企業が、個人投資家を対象として、不動産の建設から賃貸の管理運営までを請け負うサブリース契約（空き室があってもオーナーへの家賃の支払いを保証する）を結び、急速に物件数を増やしていました。しかし、賃料の未払いが続発し、２０１８年、資金繰りの悪化によって経営破綻しました。

高金利のローンを組んで物件を購入していたオーナーは、融資を受けた銀行への返済が困難になり、自己破産またはその寸前という状況に陥ったのです。背景には、業者が銀行や建築会社と癒着し、個人投資家を搾取する構造がありました。

「かぼちゃの馬車」とその加担者は、個人投資家の貯蓄や所得を水増しして融資審査書類を作成し、銀行もそれを黙認して多額の融資を行っていました。さらに業者は、建築費が通常より割高な新築物件を個人投資家に購入させていました。それをシェアハウスとして借り上げ、入居状況にかかわらず家賃収入を保証するサブリースの形態を取っていましたが、実際は思うほど入居者数が伸びず、「かぼちゃの馬車」はたちまち資金繰りが悪化してしまったのです。

もちろん、騙した業者が一番悪いのですが、新築物件を購入すれば35年間は安定した家賃収入が保証されるという甘い話を疑わなかった個人にも大きな問題があると私は思っています。

自分できちんと検証していれば、採算が合わない不動産を高額で買わされることはなかったでしょう。競合する周辺のワンルーム物件と比較することもなく、営業マンの話を鵜呑みにしてシェアハウスのオーナーとなった個人投資家は、思考停止状態に陥ったのです。誰かが同じ轍を踏まないためには、自分で不動産投資をゼロから始めてみることです。

情報を持って来てくれる、業者が用意したきれいなパンフレットを見て不動産を購入するという考えがベースにある以上、その人は必ず同じような失敗を繰り返します。

私はどんな小さな不動産でも、事業が成功すると確信すれば参入してきました。逆にどんなに大きくきれいな不動産でも、採算が合わないと思えば参入しませんでした。この違いは経験値だったり過去のデータベースによるものだったりするので言葉では説明しにくいのですが、経験を積むには、労を惜しまず自ら汗をかくことが重要です。自分の頭で考え、電卓をたたき、現地に足を運ぶことをせずに、ラクして儲けようと思うから失敗するのです。

シェアハウス投資がこれからの日本を助ける!?

私はシェアハウス投資を促進することは、3つの社会問題の解決につながると考えています。

1つ目は、高齢化社会が進み、日本全体で急速に増加している空き家問題です。総務省統計局の発表によると、全国の空き家数は右肩上がりで増加しており、平成30年住宅・土地統計調査では846万戸を数えました。誰も住まなくなった住宅は一気に老朽化が進み、地域の安全や景観を損ないます。そればかりか、人口が減少し過疎化が進行すると、将来的に社会インフラが崩壊しかねません。

所有者の高齢化などで居住者がいなくなり親族が管理している空き家、販売中や入居者募集中で不動産会社が管理している物件、普段使用していない別荘などの物件、それらの空き家をシェアハウスとして再活用することで、空き家の管理や活用に困っている所有者の助けとなり、地域の活性化や日本の社会インフラの維持につながるのではないでしょうか。

2つ目は、外国人労働者の増加による住居不足問題です。インバウンド需要の拡大により、訪日外国人旅行者の宿泊の受け皿として「民泊」というマーケットが成長しつつあります。一方で、少子高齢化による労働力不足が深刻化する中、政府は外国人労働者の受け入れ拡大の方針を打ち出しました。企業が外国人労働者を積極的に雇用できるように、補助金や助成金も用意されています。

こうした動きに伴い、今後は日本に居住する外国人を受け入れる建物がたくさん必要になってきます。これを新築のマンションだけで賄っていくとなると、多額の資金や借入金が必要になり、企業にとっては大きなリスクとなるでしょう。しかし、今ある空き家を外国人労働者向けのシェアハウスとして活用することができれば、素晴らしいと思いませんか。

ウィズコロナ、アフターコロナの日本においても、少子高齢化問題が解消しない限り、人手不足を補う救世主として、外国人労働者の雇用促進が求められるはずです。

3つ目の問題は、若者のコミュニケーション能力の不足によるさまざまな弊害です。核家族化、少子化、インターネットやスマートフォン、SNS（ソーシャル・ネットワーキング・サービス）の普及によって、私たちを取り巻く環境は大きく変わりました。今や、狭いコミュニティの中で家族や仲間とだけ、単語レベルの短い言葉でやり取りをすれば済む時代になっています。

このようなコミュニケーションのスタイルの変化によって、人間関係が希薄になったり、意思疎通が不十分なために誤解を招いたりしてトラブルに発展するケースが多々見受けられます。家族や友達とすら直接会話をする機会が減っているのですから、無理もありません。

弊害の一例として、会社で電話が鳴っても若い社員が電話を取らない、上司や取引先への報告・連絡もメールやSNSで簡単に済ませるという話も聞きます。固定電話のない家庭で育ったため、誰が誰にかけてきたかわからない電話に出るのが怖いとか、面識のない人に電話をかけるのに抵抗があるのだそうです。

インターネットやSNSは使い方によっては便利で素晴らしいツールですが、時としてネット上に匿名で飛び交う悪意ある言葉や殺伐とした雰囲気、ミスを犯した者を一斉に攻撃するような心の狭い言動にはうんざりさせられます。反対にトラブルや炎上を恐れて、自分の意見を言えない若者が少なくないのも心配です。

私自身も決してコミュニケーションが得意なわけではありませんが、コミュニケーション能力の乏しい若者が増えるのはとても残念に思いますし、今後それが原因による大きな事件に発展していかないとも限りません。

そこで、シェアハウスです。さまざまな経歴・業種の人と適度な距離感を保ちつつ、直接コミュニケーションを取ることができるシェアハウスは、新しいライフスタイルと人のぬくもりが感じられる交流の場を提供できるはずです。

この3つの問題を解決するための方策として、私はソフトとハード両面の強化が必要だと思っています。最近、若い世代を中心に、クラウドファンディングなどを用いて古い物件を獲得して活用しようという取り組みを見かけますが、その意図を理解してハードを提供する大家さんはまだまだ少ないのが現状です。両者をうまく組み合わせていくことが問題解決につながります。

シェアハウスのマーケットを知ろう

国土交通省のシェアハウスに関する市場動向調査によると、都道府県別の運営物件数は、全体の6割強が東京都に集中しています（図1）。続いて近畿エリア、都内まで通勤圏内である埼玉・千葉・神奈川の三県、中部エリアとなっています。入居者一人あたりの専用スペースは、7・5〜10㎡未満と回答した事業者が最も多く、次いで10〜12・5㎡未満でした。

同じく国土交通省が「H29シェアハウス運営管理事業者に対するアンケート調査」をもとに発表した「共同居住型賃貸住宅（シェアハウス）の運営管理ガイドブック」では、シェアハウスの入居者の多くは女性で、20代から30代の社会人となっています（26ページの図2）。

また、一般社団法人日本シェアハウス連盟が発表した「シェアハウス市場調査」によると、2013年に3000棟未満だった全国のシェアハウスは、2019年には約5000棟に増加しています。

入居者にとってシェアハウスのメリットは、なんといっても、一人で住居を借りるより

図1「シェアハウスの市場動向」

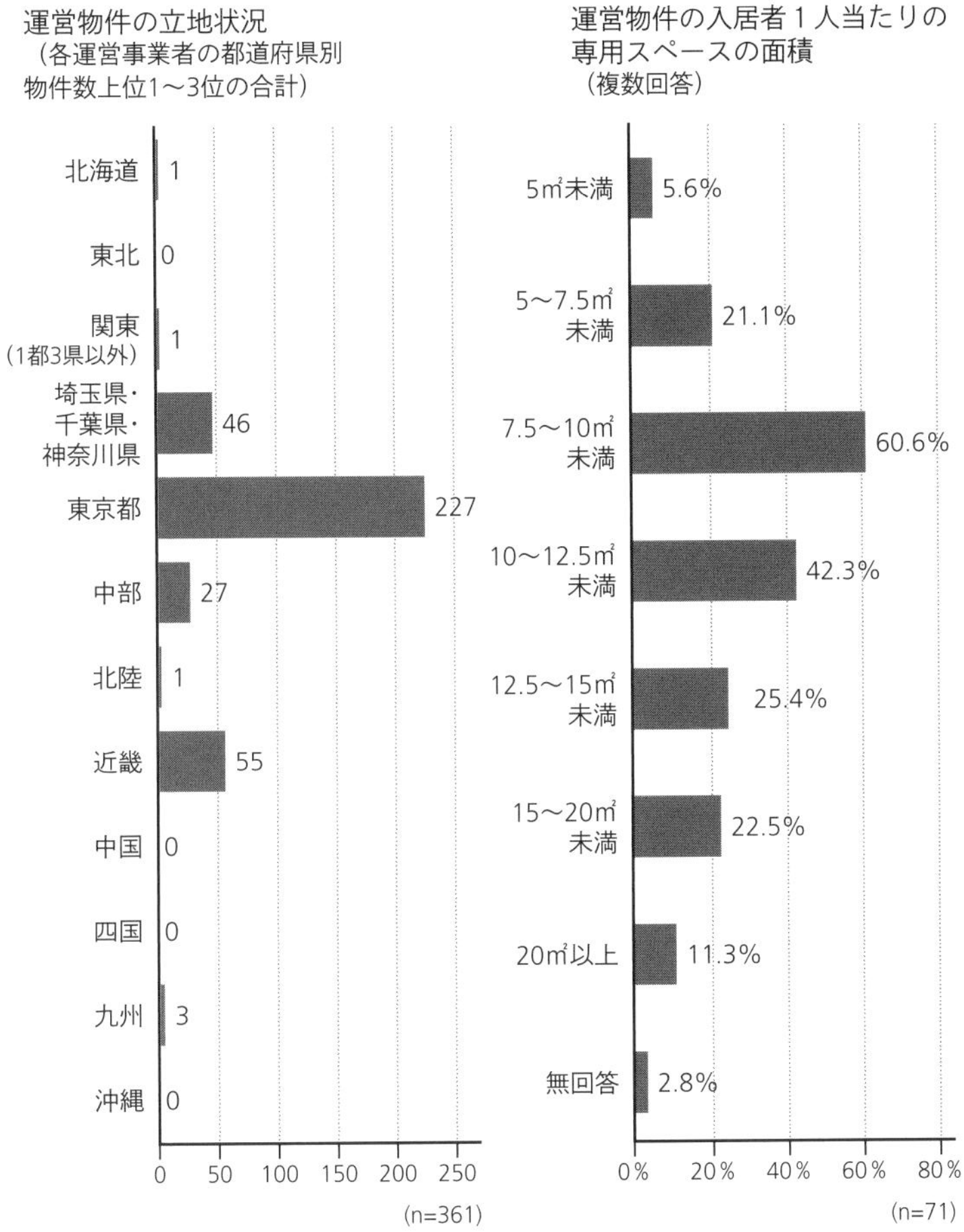
運営物件の立地状況
（各運営事業者の都道府県別
物件数上位1～3位の合計）
北海道
1
東北
0
関東
（1都3県以外）
1
埼玉県・
千葉県・
神奈川県
46
東京都
227
中部
27
北陸
1
近畿
55
中国
0
四国
0
九州
3
沖縄
0
0
50
100
150
200
250
(n=361)
運営物件の入居者１人当たりの
専用スペースの面積
（複数回答）
5㎡未満
5.6%
5～7.5㎡
未満
21.1%
7.5～10㎡
未満
60.6%
10～12.5㎡
未満
42.3%
12.5～15㎡
未満
25.4%
15～20㎡
未満
22.5%
20㎡以上
11.3%
無回答
2.8%
0%
20%
40%
60%
80%
(n=71)

（国土交通省資料より）

図2「H29シェアハウス運営管理事業者に対するアンケート調査」

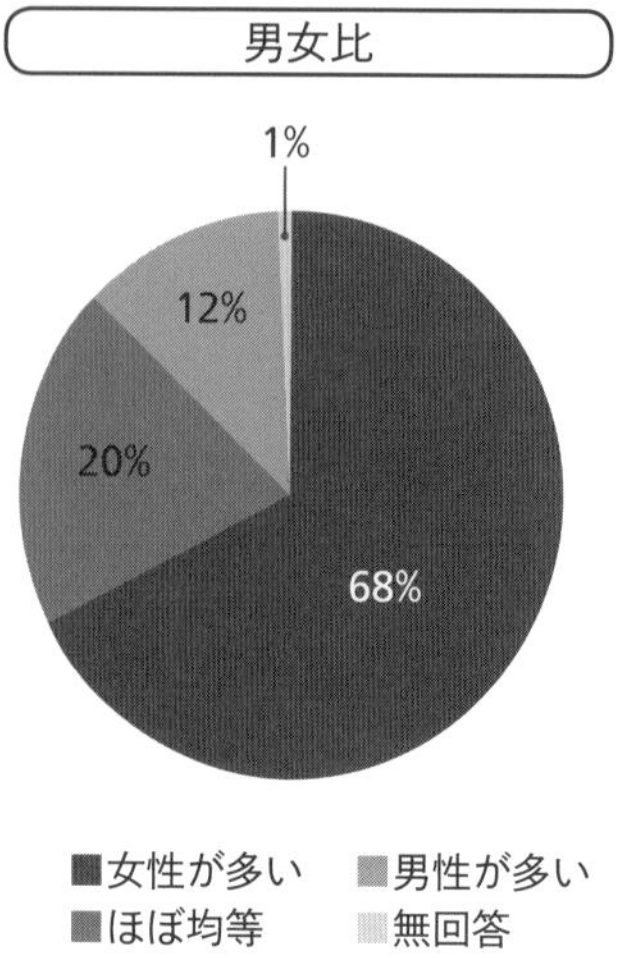

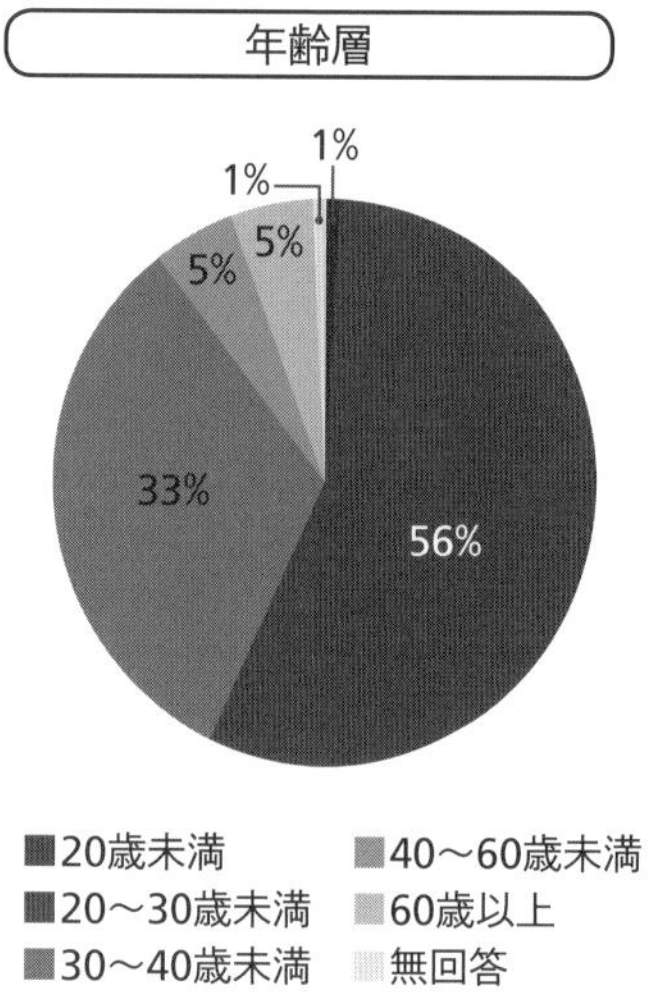

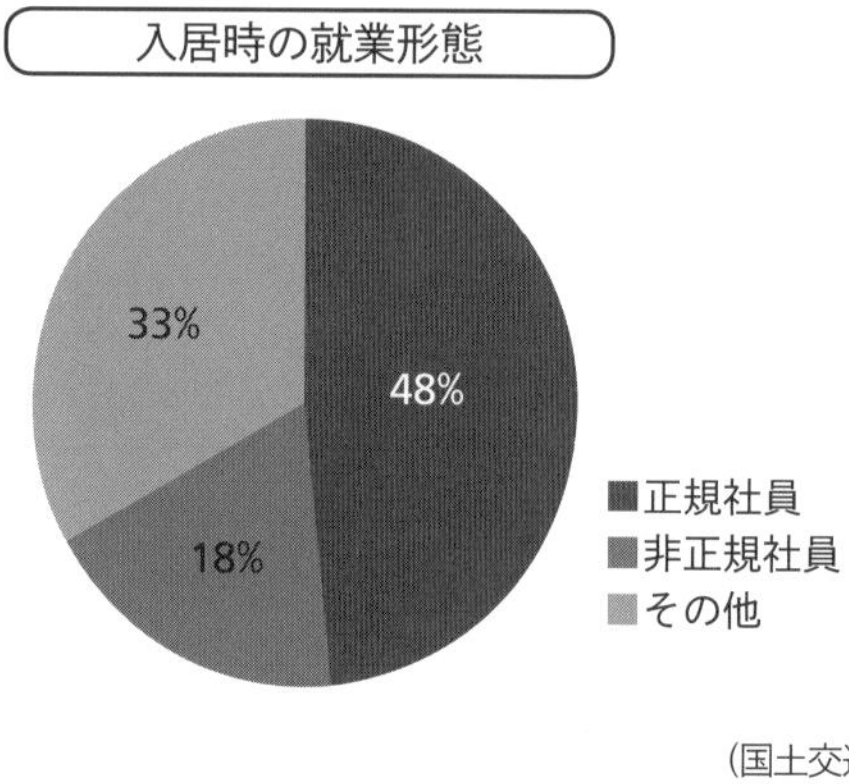

（国土交通省資料より）

も初期費用や生活コストが抑えられることでしょう。加えて、年齢や性別、国籍、職業、価値観の違う人達が集まって生活することで、それまでとは違うつながりを持つことができる点も魅力です。とくに2011年に発生した東日本大震災以降は、若い世代を中心に、人とのつながりや安心感を求める傾向が強まったと聞きますので、都市部でシェアハウスの需要が増えているのも納得できます。

一方で、超高齢化社会が進む日本では、住宅確保要配慮者の受け皿となる公営団地が不足しています。

住宅確保要配慮者とは、高齢者や低所得者、ひとり親世帯、障がい者、被災者、外国人など、住まい探しに困っている方を指します。政府はこの現状を踏まえ、民間の空き家を利用して住宅確保要配慮者の住居を確保することを軸として、2017年10月に「住宅セーフティネット制度」を改正・施行しました。この制度に登録された物件には、入居者の斡旋や、改修工事費用などに対する経済的支援が行われます。

つまり、住宅確保要配慮者の入居を拒まない賃貸住宅として登録するなど一定の条件下で、空き家をシェアハウスとして活用することを国が推奨・支援してくれるのです。こうした動きも伴い、今後は東京都内だけでなく郊外や地方にもじわじわとシェアハウスが増え、さらに市場が拡大していくと予想されます。

以上のような状況から、シェアハウスへの不動産投資は、個人投資家がこれから学んでスタートしても十分に間に合うビジネスだと私は考えています。

大家さんにとってシェアハウス投資を行うメリットは、大きく3つあります。

1つ目は、他の物件との差別化が可能なこと。晩婚化が進み単身世帯が増加していることなどから、シェアハウスは首都圏を中心に増えていますが、まだまだ少ないのが現状です。シェアハウスを作り、都市部で働く20代後半から30代半ばの女性が住みやすいサービスを提供できれば、近隣の競合物件と差別化できるはずです。

2つ目は、初期投資が安価であること。アパートやマンションとは異なり、共用部分に水回りを集中させるため、コスト高になりがちな設備投資が抑えられます。

3つ目は、高収益を見込めることです。各部屋に水回りが不要なことで費用とスペースが削減できる上、部屋数を増やすことで収益増につながります。

大家さんのデメリットは、参考となるシェアハウスが少なく、開業時に手間がかかるという点でしょうか。ただしこれについては、私の感覚では、一度経験すると2軒目以降をオープンする際には労力が3分の1以下に減るので、経験しておいて損はないと思います。

シェアハウス経営の成功に必要な5つのポイント

ここまでで、私が皆さんにシェアハウス経営をおすすめする理由と、今後さらにシェアハウスのマーケット拡大が見込めることをご理解いただけたでしょうか。第1章のポイントをまとめておきます。

第1章のまとめ

- シェアハウス経営を通して、ビジネスの基礎を学べる
- 国が進める空き家対策の流れに乗って補助金が出やすい
- 晩婚化・高齢化などで単身世帯が増加している
- 労働力となる外国人の日本への流入が増加している
- 人とのつながりや安心感を求める傾向が強まった
- シェアハウスそのものが他の物件との差別化になる
- 初期投資が安価に抑えられる
- 事業性が高い（利回りがいい）

⬇シェアハウスを開業すべき！

次に、私が考えるシェアハウス経営の成功に必要なポイントを5つ挙げます。

①物件選び
②融資獲得
③部屋割り・デザイン
④集客
⑤管理

この5つについて、詳しくは第2章以降でご説明することにして、まずは私自身の経験から成功例と失敗例を次のinformation❶でお話ししましょう。

information❶ シェアハウス投資――成功例と失敗例

私は24歳のときに分譲マンションの1室を不動産競売で購入して、大家さんデビューしました。2006年のことです。その後、数軒の賃貸経営で経験を積み、31歳（2013年）で1軒目のシェアハウスを開業しました。廃業した旅館の建物を買ってシェアハウスを始めたのですが、私に近しい人は口々に「失敗するよ」「やめておいたら」と言いました。

しかし、人と違うものを好む人、変わった部屋に住みたいという人は、ある程度社会に存在します。ニーズがあるはずだと思っていた私は、迷わず準備を進めました。単身者向けのビジネス旅館だったので、6〜7畳ほどの和室はすべて洋室に変えました。大広間は5部屋に区切り、そのうち2部屋はL字型の間取りにしたのです。

すると、元旅館をリノベーションしたシェアハウスという珍しさがうけて、あっという間に22部屋が満室になり、入居待ちが7人という状態になりました。しかも、変わった形の部屋から先に埋まったのです。

近隣のワンルームマンションの家賃が月1万9800円くらいというエリアだったにもかかわらず、こちらは共益費込み5万2000円で満室。大成功でした。

失敗例はとくにないのですが、ご近所さんの理解が得られないと、トラブルに発展する場合があるということを実感しました。

1軒目のシェアハウスの開業準備中に、お隣にある会社の社長さんから呼び出されました。何を作っているのか、何を始めようとしているのか、不審に思われたのです。当時はシェアハウスがどういうものか、まだ世間に認知されていなかったので無理もありません。すぐに行って、ていねいに説明すると、社長さんと仲良くなり、「そういうことなら、うちの新入社員用に」と部屋を借りていただけました。

このときの経験から、新しい物件を購入したら、できるだけ早めにご近所にあいさつに行くように心がけています。私がとくに気をつけているのは、真っ先に町内会（自治会）に加入するということです。このちょっとした手間とコストを惜しむと、「家族でもない複数の人間が出入りする怪しい建物」というレッテルを貼られかねません。

賃貸経営する物件の近くに自分が住んでいないからといって、町内会費（自治会費）を払いたがらないオーナーさんがいますが、私は自分から「いくら払ったらいいですか？」と聞きに行くべきだと思っています。町内の世話役の方と友好関係を築いておくことで、近隣の住民の理解を得られやすくなるからです。ご近所さんから地域の情報も入りやすくなり、ときには口コミでシェアハウスを宣伝してくれる人まで現れることがあります。

ご近所さんを味方につけずして成功なしです。

第2章

「物件」の選び方
――シェアハウス開業までの15ステップ

大家さんには先天性と後天性の2つのタイプがある

大家さんには大きく分けて「先天性大家さん」と「後天性大家さん」の2タイプがあります。

「先天性」と私が呼んでいるのは、親またはそれより前の代からの地主系大家さんです。先天性大家さんは、何よりも先祖伝来の土地や資産を守ることが重要だと考えています。資産の内訳は、現金などより不動産が多い点が特徴です。節税のため、むしろ積極的に赤字や借金を作ろうとする傾向があります。しかし、予想以上の赤字が出たり、所有物件の空室が目立ったりすると、リスクを感じて資産を売却するケースも見受けられます。

これに対して「後天性」と呼んでいるのは、もともと自宅以外の土地を持っていない、いわゆるサラリーマン大家さんです。

終身雇用も退職金も年金も期待できず、老後の不安から資産形成を目的として不動産投資を始めた方です。私もサラリーマンをしながら始めた「後天性兼業大家さん」の一人でした。

老後の資産形成を目的とする人が多く、利益のためには多少のリスクをとってでも利回りや収益性を重視します。

まずはあなたの「戦略」「事業計画」を立てよう！

不動産投資の利益には大きく分けて「インカムゲイン」と「キャピタルゲイン」の2つのタイプがあります。

「インカムゲイン」は資産を持つ限り定期的に入る性質の収入で、おもに家賃収入です。「キャピタルゲイン」は不動産の売却時に一度だけ得られる収入で、売買益のことです。

ただしシェアハウス投資の場合、キャピタルゲインは「おまけ」とし、家賃収入をメインに事業計画を考えるほうがいいでしょう。

第1章でも述べた通り、不動産投資を始める際は自分の立ち位置に合った戦略を考える必要があります。「先天性大家さん」と「後天性大家さん」では、取るべき戦略や事業計画が異なります。

それぞれの立ち位置や目的によって、利回りの高い事業よりも長く維持できる事業を選ぶのか、キャピタルゲイン狙いで利回りや売却益を上げて資産を大きく形成していくのかを考える必要があります。

自分の目的を明確にし、どのエリアのどのような物件を取得して、どのくらいの利回りや売却益を目指すか、目標を達成するためには何が必要でどのように行動すればよいかといったシナリオを考え、事業計画を作成していきましょう。

事業計画を立てる際、収益計算に欠かせないのが「利回り」です。「利回り」とは、投資した元本（元のお金）に対してどれくらいの収益があったかを示す割合のことです。通常、1年あたりの収益率を指します（「年利回り」ともいいます）。

家賃収入を目指す人はもちろん、キャピタルゲインを目指す人にも、利回りを向上させることは物件の価値を高め、売却益を増やすために重要です。

不動産投資の利回りには「表面利回り」と「実質利回り」があります。「表面利回り」は物件の収益力をおおまかに把握するもので、「実質利回り」は手数料や税金などさまざまなコストを含めて計算し、正確な収益力を見るものです。

利回りの計算方法を知っていると、自分の事業目標やリスクに合った物件を選びやすくなり、成果を測る基準となります。表面利回りと実質利回りは、それぞれ次の式で求められます（図3）。

シェアハウスは戸建てや区分マンションなどの小ぶりな物件で開業する方が多く、一棟物を買うよりも取得コストが安くなります。初心者は4、5名が入居できる戸建て住宅から始めるといいでしょう。

たとえば、土地・建物の費用が3000万円、家賃が月5万円、部屋数が5室で満室とすると、表面利回りは次のようになります。

表面利回り＝満室時の年間家賃収入（家賃5万円×5室×12カ月）÷物件購入価格3000万円×100＝10％

一般的な表面利回りの損益分岐点は7～8％以上です。

一方、実質利回りは、仲介手数料や管理費、ローンの利息、保険料、修繕積立金、固定資産税などを合計したトータルのコストを加えて計算します。先ほどと同じ物件で、トータ

図3　不動産投資の利回りの計算方法

表面利回り

＝ 満室時の年間家賃収入 ÷ 物件購入価格 ×100

実質利回り

＝（ 満室時の年間家賃収入 － トータルコスト ）

÷ 物件購入価格 ×100

ルのコストが年間200万円と仮定して計算すると、実質利回りは次のようになります。

実質利回り＝満室時の年間家賃収入（家賃5万円×5室×12カ月－トータルコスト年間200万円）÷物件購入価格3000万円×100＝3・3％

事業計画を立てる際は、購入する物件の試算をしてみましょう。次の計算式に数字を当てはめて、年間の賃料収入Y÷開業費用合計Xが15％以下だと、採算が合いません。

開業費用合計X＝物件価格＋諸費用（目安は物件価格の10％）＋リフォーム代＋家具代

年間の賃料収入Y＝開業予定のシェアハウスの家賃×部屋数×12カ月

私が名古屋市港区でプロデュースしたシェアハウスで、実際にかかった費用は次の通りです。

物件価格：3800万円

購入時の費用（手数料、税金）7％：266万円
リフォーム代：2200万円
家具代：100万円

開業費用合計X：6366万円
年間の賃料収入Y：一室賃料5万2000円×22室×12カ月＝1372万8000円
利回り：21・5％

この想定した利回りが15％を上回るようにシミュレーションしてください。5部屋ほどの小さい物件であればいいのですが、20室程度の物件になると、開業後にいきなり満室になることは珍しいですし、思わぬ経費がかかることも多いからです。物件購入後もその都度チェックすることで、初期の計画との差異や進むべき方向性を確認できます。

なお、不動産投資は長期にわたります。建物が古くなってくると入居者が決まらず、空室リスクや修繕リスクなどが出てくることもあらかじめ頭に入れておきましょう。

シェアハウスの開業に至るまでのステップは次の通りです。事業計画を立てたら、物件探し以降のステップへと進みます。

シェアハウス開業までの15ステップ

①事業計画を立てる
②計画に見合った物件を探す
③不動産業者へ問い合わせる
④シェアハウス物件を下見する
⑤物件を検討する
⑥市役所へ建築確認に行く
⑦銀行に融資の打診をする
⑧物件の購入条件を交渉する
⑨物件を購入する
⑩物件をリフォームする
⑪家具や家電を購入する
⑫入居者を募集する
⑬入居者を案内する
⑭契約

⑮入居

どのような物件を選ぶべきか？

私は常日頃、担保価値を重視して「エキチカボロ」を狙うようにしています。担保価値の高いお宝物件は駅の近くに多く、古くても駅から10～15分以内であれば、将来売却するときも売りやすいからです。意外に駅近のビルが売れ残っていて、交渉次第では安く買えることもあります。

担保価値とは、融資額に見合う価値が担保物件にあるかどうかの判断材料となるものです。担保価値より安い価格で物件を購入できれば、銀行から融資を受ける際に有利になります。

もともと不動産会社に勤めていた私は、売却額を高めに設定して売りに出すよう、営業マンがオーナーさんにすすめていることを知っています。たとえば、担保価値500万円の物件を700万円で売りに出し、700万円で売れれば大満足、売れなければ500万円までは値下げ交渉に応じるというわけです。

にもかかわらず、値下げ交渉もせずに自己資金を200万円投入して担保価値より高く購入する人がいますが、私は反対です。開業後に想定外の出費があるかもしれないので、できるだけ現金は残しておくほうが賢明です。

実際、私はオーナーさんに交渉して、売り出し価格1億2000万円の物件を半額の6000万円で購入した経験があります。いったんは諦めていたのですが、半年経っても売れ残っていたので、担保価値通りの金額で買えるのではないかと再チャレンジしたところ、値引きしてもらえました。

不動産の取得はご縁です。ご縁があるときはトントン拍子に決まります。交渉がうまくいかなければ、ご縁がなかったと思って無理をして買わないことです。しばらく時間をおいてから交渉するのも手です。

ただし、予算内で買える物件という条件だけで探すと駅から遠くなってしまい、集客が難しくなります。交渉の手間を嫌って駅から遠い所で妥協してしまわないようにしましょう。気長に探せば、駅から10〜15分以内でお宝物件は見つかります。

大家さん初心者におすすめの物件タイプは、戸建て住宅です。初期費用が抑えられ、入居者が4、5人ほどであれば管理の労力も少なくて済みます。ただし最近では、民泊を始めたい人と物件の取り合いになってきています。

スケルトン状態の事務所、いわゆるコンクリート打ちっぱなしの状態で内装が施されていない物件のことですが、これは利回りが高く、間取りを自分で決めることができて自由度が高い一方、リフォーム代が高くつきます。一度、戸建てでシェアハウス経営を経験してから、スケルトン事務所にいくといいでしょう。ウナギの寝床のような細長い物件は部屋割りがしにくいため、できるだけ正方形に近いところがおすすめです。

ワンルームマンションは、シェアハウスには向かないのでおすすめしていません。1棟まるごと購入して、2部屋分を共用リビングに改装するのであれば、いいかもしれません。分譲マンションは初期費用が安いのですが、管理組合が民泊を禁止しているところが少なくありません。シェアハウスに利用可能かを事前に確認する必要があります。

第1章で私の成功例としてご紹介した廃業旅館は、利回りが高く、間取りを自分で決めることができます。元旅館をリノベーションしたシェアハウスというイメージを受けて、女子うけ、メディアうけしています。ストーリー性があるので、テレビ局も何度か取材に来ました。ただし、工事費が高くなりますので、賃貸経営をいくつか経験している上級者か、他の事業で利益を上げていてシェアハウス経営を手掛ける余力のある事業者向けです。資金に余裕があれば、チャレンジするとおもしろいでしょう。

購入以外の運営方法「転貸」でローコストに始めてみよう

物件を購入する以外にも、「転貸（てんたい）」でシェアハウスを運営する方法があります。「転貸」とは、いわゆる「また貸し」のことです。

所有者Aから物件を借りたあなた（賃借人B）が、それを第三者（転借人C）に「また貸し」することを転貸借といい、転借人Cの権利を転借権といいます（図4）。

あなたが第三者Cに転貸するためには所有者Aの承諾が必要で、承諾を得た転貸では、Aはあなただけでなく、直接Cに賃料を請求できるようになります。二重取りはできません。

承諾を得ずに転貸すると、AはCに明渡しを求めることができ、あなたに対して契約を解除することができます。ただし、承諾がない場合でも、当事者間の信頼関係が壊されない限りAB間の契約解除はできないことになっています。

最近では、都市部を中心に空室が目立つ建物が増えてきています。戸建ての空き家もシェアハウスとしてリフォーム可能な場合があります。「また貸し」してはいけないと思っている人が多いのですが、所有者が承諾すれば何の問題もありません。実は、先祖代々の土地・家屋なので売却するのはためらうけれど、固定資産税分くらいは稼ぎたいというオーナーさんも多いのです。

私の講座の受講生の中に、副業として「転貸」でシェアハウスを運営している女性がいます。オーナーさんから戸建てを借りて200万円でリフォームを行い、1部屋は自分が住み、残り5部屋を貸しています。購入する場合と比べて初期費用が大幅に抑えられ、毎月オーナーさんに支払う賃料以上に収入があるので、転貸でシェアハウスを始めてみるのもいいかもしれません。「転貸」なら国家資格の宅建も不要です。選択肢の1つとして覚えておいてください。

図4　購入以外の運営方法「転貸」

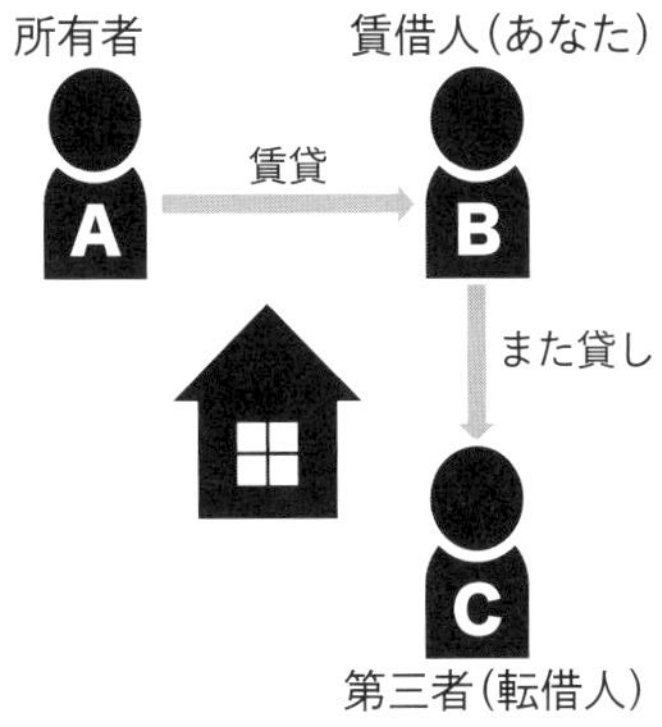

Webでリサーチをしてみる

シェアハウスを始めたいと考えているエリアにすでに競合があるのか、あった場合どんなシェアハウスなのか、どのくらいの数があるのか、まずはインターネットで調べてみましょう。「地域名　シェアハウス」や「駅名　シェアハウス」などで検索すれば表示されます。

例：検索「名古屋　伏見　シェアハウス」⏎

競合となるシェアハウスがあったでしょうか？　満室になっているシェアハウスや、入居待ちがいるほどの人気があるシェアハウスがあれば、そこに便乗し、雰囲気を少し寄せてお客さんを取りに行く戦術もありです。さすがに隣にオープンするわけにはいかないので、たとえば競合相手が駅の東側にあるなら、西側の物件を探すといいでしょう。要は、後出しじゃんけんです。

私は三重県にまだシェアハウスがないときに、クライアントのご依頼を受けて、津駅の近くで物件を見つけて開業しました。福井県では、地元の不動産オーナーのご依頼で、すでに3つのシェアハウスがあった地域に4番目となるシェアハウスをオープンしています。それぞれ戦術は違いますが、県庁所在地にある乗降者数の多い駅へアクセスしやすいところという点は共通しています。

エリアを決めたら、販売物件探しです。不動産の物件サイトはたくさんあるので、幅広く情報収集しましょう。調べているうちにそれぞれの特性が見えてくると思います。私がよく利用するのは、次の6つのサイトです。

●アットホーム

https://www.athome.co.jp/

●スーモ

https://suumo.jp/

●ライフル ホームズ

https://www.homes.co.jp/

●健美家
https://www.kenbiya.com/

●楽待
https://www.rakumachi.jp/

●不動産ジャパン
https://www.fudousan.or.jp/

サイトによっては、会員登録後に希望の条件を入力しておくと、該当する物件情報がメールで届くサービスもあります。不動産会社の営業マンに情報提供を依頼する際、私は簡潔に「エキチカ＋ボロで！」と伝えています。何㎡とか間取りがどうとか、あまり条件を細かく提示すると面倒なため、情報がもらえません。その点、「エキチカボロ」という言葉は印象に残りやすく、覚えてもらいやすいパワーワードです。駅に近いところであれば古くてもリフォームすればいいので、幅広く情報を集めましょう。

気になる売物件が見つかったら、すぐに電話をして資料を取り寄せ、物件の評価を行います。担保価値を計算し、売値と指値の差額が3割以内であれば、値引き交渉が可能だと思います（図5）。担保価値の計算について、詳しくはインターネットで調べてみましょう。「不動産担保　評価方法」などで検索すれば表示されます。

ただし、交渉前に必ず現地を見に行くことです。後でリフォーム会社に相談する際に必要になるので、写真や動画を多めに撮っておきましょう。

下見をしたら遅くとも2〜3日中に不動産会社か所有者さんに連絡を取り、価格等の条件を相談します。このとき、口約束が通例となっていますので、相手のメールアドレスを

図5　担保価値の計算方法

土地の評価額は次の計算式で求められます。

評価額

＝ 不動産の路線価（相続税評価額） × 土地の平米数

建物の評価額は次の計算式で求められます。

建物価格

＝ 再調達価格 × 延べ床面積 × 残存年数 ÷ 法定耐用年数

例：「不動産担保　評価方法」で検索

聞いて帰り、覚え書きがわりにメールを送って約束した内容を残しておくといいでしょう。私の講座では、ＩＣレコーダーかスマートフォンで録音しておくようにすすめています。特に都市部以外では、覚え書きや同意書といった書類を交わすことを嫌がる傾向があり、書類がないほうが話がうまく進むようです。

価格などの条件で合意したら銀行へ融資の相談に行きますが、すでに担保価値を計算してあるので、融資額が見込みと大きくずれることはないでしょう。

リアルにリサーチをしてみる

基本的な流れはＷｅｂでのリサーチと同じです。開業したいエリアの駅に行き、周辺を歩いて空き物件を探します。実際に歩いてみて、雰囲気がよくないところ、自分が住みたくないと思うところは避けます。

気になる物件が見つかったら登記簿謄本を取り寄せるなど、情報収集を行います。不動産会社の「売家」の看板が出ていれば不動産会社に、看板等がなければ所有者に連絡を取ります。

登記簿謄本には、土地や建物の所有者情報、面積や構造など物件の各種情報、抵当権や賃借権など所有権以外の権利関係も記載されています。紙媒体ではなく、データ化された登記簿を印刷した「登記事項証明書」も記載内容は同じです。

登記簿謄本を取得するには、最寄りの法務局（登記所）で手続きを行うか、「登記・供託オンライン申請システム」のホームページから請求します。登記所の窓口または郵送で受け取ることができ、手数料はそれぞれ異なります。閲覧するだけなら、インターネットで登記情報を確認できる「登記情報提供サービス」が便利です。手数料の決済が終了次第、すぐに閲覧可能です。

●登記・供託オンライン申請システム「かんたん証明書請求」

https://www.touki-kyoutaku-online.moj.go.jp/

●「登記情報提供サービス」

https://www1.touki.or.jp/gateway.html

担保価値を計算し、問題がなければ所有者に連絡を取り、価格等の条件で合意したら銀行へ融資相談、という流れです。

過去に私が三重県の津駅前を歩いて見つけた空き家は、担保価値3500万円でしたが、静岡にいる所有者に直接連絡したところ、2500万円でいいと言われました。不動産会社が手を付けていないお宝物件は、自分の足で探すのが一番です。

ただし、すでに不動産会社が入っている物件は、直接所有者に連絡をすると警戒される場合があるので、不動産会社を通します。その際、今後もお付き合いできる不動産会社かどうかをチェックしておきましょう。シェアハウスに向いた物件を多く取り扱っているようなら、仲介手数料を満額払う価値がありますが、そうでなければなるべく安く購入したいものです。

空き家850万戸時代！国や地方自治体の施策を利用しよう

第1章でもご紹介したように、近年日本全国で空き家が急増し、平成30年住宅・土地統計調査では850万戸を超える勢いとなりました。2010年以降、地方自治体は空き家の所有者に対し、適切な維持管理の義務付けと必要な措置を勧告する「空き家対策条例」を制定。2014年には国が「空家等対策の推進に関する特別措置法」を成立させ、翌年に施行するなど、空き家の活用推進に取り組んでいます。

その1つが「空き家バンク」です。各自治体のホームページで、くらし・住まい・まちづくりなどのカテゴリーを見ると、「空き家バンク」「空き家情報」といった項目があると思います。これは、各地方自治体と不動産協会などが運営している空き家情報を提供するサービスです。所有している空き家を売りたい人・貸したい人が登録し、「空き家バンク」を介して買いたい人・借りたい人に紹介しています。直接アクセスしたい方は、「自治体名空き家バンク」で検索してみてください。(例：「名古屋市　空き家バンク」で検索)

自治体が運営している「空き家バンク」のメリットは、さまざまな補助金制度が利用できる点です。建物の改修費用などを一部補助してくれるので、うまく利用すれば初期費用を抑えることができます。補助金額や利用可能な条件などは各自治体によって異なるため、事前に確認しましょう。

なお、ホームページに載せただけで仲介には関与しないというところも多く、情報が不十分なため、現地での確認が必要だったり、所有者と直接契約をしなければいけなかったりします。その分、交渉の余地があるということで、私の講座の受講生の中には「空き家バンク」だけを利用して、シェアハウス事業を展開している人がいます。

また、国土交通省では「共同居住型賃貸住宅（シェアハウス）の運営管理ガイドブック」

を発行し、空き家活用によるシェアハウス経営を支援しています。ガイドブックのPDFが国土交通省のホームページからダウンロードできます。これからシェアハウス経営を始める方への注意点やお役立ち情報が載っていますので、こちらも一読をおすすめします。

●**「共同居住型賃貸住宅（シェアハウス）の運営管理ガイドブック」**

https://www.mlit.go.jp/jutakukentiku/house/jutakukentiku_house_tk3_000056.html

（「国土交通省　シェアハウスガイドブック」で検索）

ほかにも、経済産業省の創業・ベンチャー支援制度など、さまざまな補助金があります。社会的意義の強いものには補助金が出やすく、しかも縦割り行政なので、1つの物件に対して複数の補助金が受けられる場合もあります。申請条件や手続きが複雑で面倒なものが多いのが難点ですが、リフォーム代や家具の購入費用など、何かとお金がかかるシェアハウス経営のスタートアップに使わない手はありません。私も新たにシェアハウスをオープンするたびに調べて利用し、家具を買いそろえるなどしています。

行政の宣伝不足もあって、こういった情報は自分で探し出さないと誰も教えてくれません。条例や制度は自治体によって異なり、変更されることもあるので、常にアンテナを張って積極的に最新情報を入手することが大切です。今後、コロナショックで落ち込んだ経済を上向きにするために、さまざまな補助金や施策が出てくるはずです。新規参入者にとっては追い風といえるでしょう。

余談になりますが、まれに信用金庫の職員が行政のお得な制度を教えてくれることがあります。私は物件を購入したら、必ずその町の信用金庫で口座をつくって積立をするようにしています。毎月5000円か1万円程度ですが、信用金庫の職員は集金に来てくれるばかりか、地元の情報を持ってきてくれるので、まさに一石二鳥です。

「相続」という切り口もこれからは存在する

相続で物件を取得する場合、2種類のケースが考えられます。1つは、故人の不動産を相続した相続人、あるいは先天性大家さんのお子さんで、そう遠くない将来、土地や家屋を相続する予定の人。もう1つは、相続のタイミングまで条件付きで賃貸契約を結ぶ店子（借家人）です。

前者の場合、不動産の知識や経験がない相続人または相続予定の人が、私のスクールに来られています。多くの方はごく普通の人生を歩み、不動産を勉強する機会はほとんどないでしょう。いざ相続というときになって、わからなくて困ったり、親族間でもめたり、業者から法外な料金を取られたりしないよう、きちんと学んでおく必要があります。各都道府県で大家さんの勉強会が行われているので、そこへ参加するのもいいでしょう。不動産会社の営業マンのほとんどは、自分自身で不動産投資を行ったことがありません。セールストークを鵜呑みにするのは危険です。業者に任せるのであれば、自分自身が理解した上で任せるべきです。

後者の場合ですが、シェアハウス用の物件探しをしていると、オーナーさんから思いもよらない相談を受けることがあります。まだ所有者である親が健在なので売れないが、空き家にしておくのももったいないし、将来、自分が相続したら売るつもりでいるという話もよく聞きます。

そこで、当面は賃貸として家賃を支払っていき、売却価格分まで支払った時点で所有権を移すというリースのような売買契約を結べるケースがあります。オーナーさんとしては、売りたくなったときに買ってくれる店子（借家人）との関係をキープしておけるというメリットがあり、買い手側としても、所有権がこちらに移るまではオーナーさんが固定資産税を払ってくれるというメリットがあります。

オーナーさんに空き家を売ってほしいと交渉に行くと、こちらが初心者の場合でも、こういったイレギュラーな話はあり得ます。おいしい話には注意が必要ですが、オーナーさんがごく普通の地主さんだったり、実際に物件を管理しているそのお子さんが普通のサラリーマンだったりする場合は心配ないと思います。もし、相手側にプロが付いていたり、オーナーさんが不動産をバリバリ売り買いしている人だったりする場合は、手を引いたほうが賢明でしょう。

また、信頼できる司法書士さんを見つけて、いつも同じ人にアドバイザーをお願いしておくと、何か相談したいときに安心です。私も「これどう思う?」というようなことがあれば司法書士さんに連絡して、契約料金の範囲内でアドバイスをもらっています。

「競売」「任売」でお値打ち物件を取得しよう

競売物件とは、債務不履行で差し押さえられた不動産が、地方裁判所によって競売にかけられたものをいいます。任意売却は、住宅ローンが返済不能となり、抵当権のある住宅を売却しても残債ができてしまう場合に、金融機関など債権者の協力を得て売却する方法です。

どちらも相場の7掛け~5掛けで買え、銀行の融資も受けられます。ただし、物件が荒れていることが多く、庇護担保責任は免除されているので、建物に欠陥や不具合があるリスクも落札者が負います。経験者がアドバイザーについてくれれば、購入を検討してもいいでしょう。

これまで、競売物件は裁判所に行って情報収集していましたが、現在はインターネットで検索可能です。一般社団法人不動産競売流通協会が運営している「981.jp」というサイトに、常に新しい競売情報が出ています。また、この協会のメールマガジンに登録しておくと、希望条件にマッチした情報も届きます。サイトからは、物件明細書、現況調査報告書、評価書の3点セットや、物件の図面、写真などもダウンロードでき、利回りまで計算してくれているので、あとは現地を見に行って入札するだけです。

競売の場合、建物の中を見ることができないので、リスクも勘案して値段を決めなければなりません。相場を知って、高く入札しすぎないようにしましょう。

一方の任意売却された物件の場合は、不動産会社に情報を請求します。現地に同行してもらえれば建物の中を見ることも可能です。比較的新しい状態の不動産を、リーズナブルな価格で入手しやすいのが特徴です。

● **一般社団法人不動産競売流通協会「981.jp」**
https://981.jp/

第2章のまとめ

- シェアハウス投資の場合、インカムゲイン（家賃収入）をメインに事業計画を考える
- 事業計画を立てる際、収益計算に欠かせないのが「利回り」
- インカムゲインだけでなく、キャピタルゲイン（売買益）を目指す人も利回りを向上させることは重要
- 想定利回りが15％を上回るようにシミュレーションする
- 物件は担保価値を重視して「エキチカボロ」を狙う
- 初心者大家さんにおすすめの物件タイプは戸建て住宅
- 「転貸」（また貸し）でシェアハウスを運営する方法もある
- まずはＷｅｂの検索でリサーチ。次に周辺をリアルにリサーチ
- 各自治体が提供する「空き家バンク」を利用する
- 国土交通省の「共同居住型賃貸住宅の運営管理ガイドブック」を一読する

information❷ 「運営代行」から始める

「購入」「転貸」「相続」以外に、「運営代行」というシェアハウスの始め方もあります。

「運営代行」とは、オーナー（貸主）と入居者（借主）の間に入って、家賃の回収や清掃、メンテナンス、クレーム対応などの管理業務を行い、手数料を受け取るサービスです（図）。手数料の相場は、オーナーさんの賃料収入の2割程度でしょうか。

オーナー（貸主）と入居者（借主）が賃貸借契約書を直接交わせば、現時点では管理業に宅建の資格などは必要ありません。リスクが少ない分、利益も少ないのですが、副業を探している人や賃貸経営を学びたい人は、運営代行から始めるのもいいでしょう。現在、私が開催している講座の受講生の何人かが、私が所有する賃貸物件で管理業務を担ってくれています。

図　運営代行の仕組み

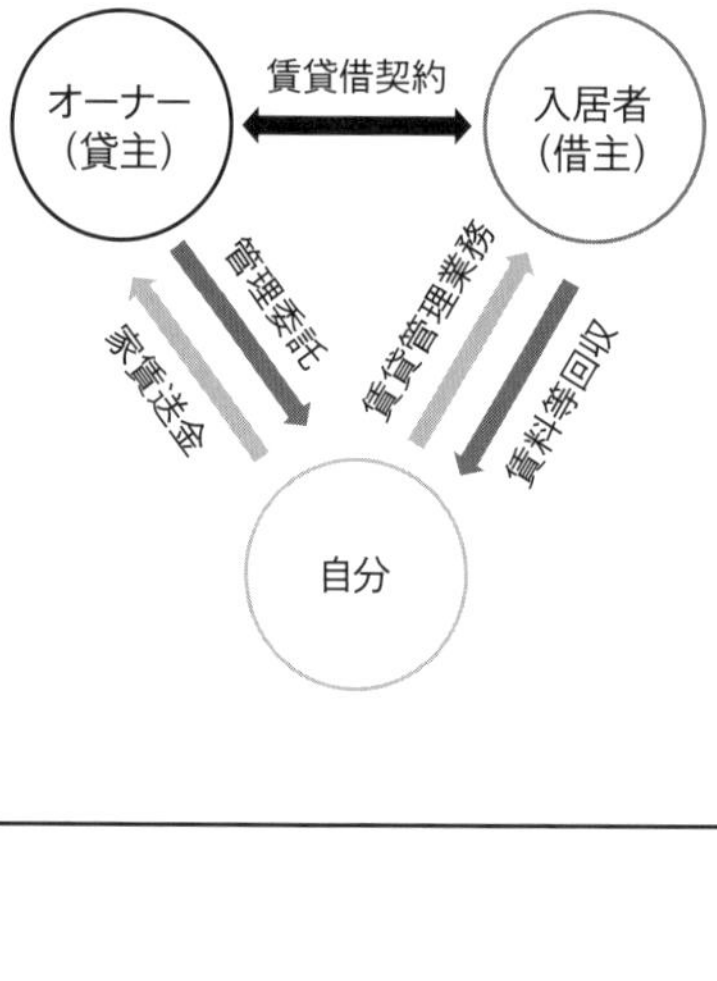

第3章

「融資獲得」のノウハウ
——物件の担保価値を計算する

物件の評価は誰でも自分で計算できる！

第2章では、物件を購入する際は「担保価値重視」で「エキチカボロ」を狙うことがポイントだとお話ししました。不動産は「一物四価《いちぶつよんか》」ともいわれ、複数の価格があります。地価を国や地方自治体、売主、買主などが、それぞれ違った視点や基準で評価しているためです。

しかし、物件の担保価値は誰にでも計算できます。本書では一般的な担保評価の手法「積算法」で計算しており、次の計算式で求められます。

土地の評価額＝不動産の路線価×土地の平米数
建物の評価額＝再調達価格×延べ床面積×残存年数÷法定耐用年数

土地の評価額の計算には、路線価をまとめた「全国地価マップ」というサイトが参考になります。

●「全国地価マップ」

https://www.chikamap.jp/

掲載マップの中から「相続税路線価等」の地図検索ページを選び、買いたい土地の付近にカーソルを合わせると、1㎡あたりの単価が表示されます。たとえば、単価が225（千円／㎡）で100㎡の土地なら、22万5000円×100＝2250万円です。これに建物の評価額を足します。

建物の評価額を計算するには、再調達価格と法定耐用年数が必要です。再調達価格とは、同等のものを新たに建築あるいは購入するのに必要な金額のことで、構造によって目安となる価格が決められていますが、金融機関によって設定単価が異なります。また、法定耐用年数には経年劣化分を加味しなければいけません。

▼構造別の再調達価格

構造によって目安となる価格が次のように決められている。

木造・軽量鉄骨……14万円／㎡

重量鉄骨……15万円／㎡

鉄筋コンクリート（ＲＣ）・鉄骨鉄筋コンクリート（ＳＲＣ）……18〜20万円／㎡

▼**構造別の法定耐用年数**

木造・軽量鉄骨……22年
重量鉄骨……34年
鉄筋コンクリート（ＲＣ）・鉄骨鉄筋コンクリート（ＳＲＣ）……47年

たとえば、築23年の鉄筋コンクリートで、延べ床面積１２０㎡の建物、再調達価格は真ん中を取って19万円とすれば、建物の評価額は、19万円×１２０㎡＝２２８０万円となります。ここに経年劣化を加味するので、鉄筋コンクリートの47年から23年を引いて、残存年数は24年。これを法定耐用年数47年で割ると、約１１６４万円が建物の評価額です。土地の評価額２２５０万円を足すと、この物件の担保価値は３４１４万円と計算できます。

土地の評価額　22万５０００×１００＝２２５０万円
建物の評価額　19万×１２０×24÷47＝約１１６４万円
担保価値　２２５０万＋１１６４万＝３４１４万円

銀行の融資は、ここから8掛けくらいになるケースがあるので、販売価格が2731万円以下であれば買ってもいいでしょう。もし、それを大きく上回る販売価格なら、値下げ交渉するか、買わずにほかの物件を探します。自己資金を何千万円も追加で出すのはあり得ません。銀行が2731万円の価値しかないと判断しているものを、それ以上の金額で買わないことが大切です。

この「担保価値重視」の考え方をベースに物件を評価して、銀行から融資をひく。これこそ、初心者が知っておくべき重要なポイントです。私は今でも気になる物件が出てくるたびに、毎回必ずこの計算を行って担保価値と売値の差額を確認しています。ですから、私のスクールは非常に地味で、受講生はひたすら電卓をたたいています。

なお、登記簿謄本を取得すれば、記載されている数字での計算が可能です。不動産会社が入っている場合は、営業マンに頼んで登記簿謄本をもらいましょう。

担保価値の計算を簡易的に行いたいときは、「固定資産評価証明書」を利用します。証明書を請求できるのは、固定資産の所有者をはじめ同居の家族、相続人、委任状を持つ代理人、法人、民事訴訟等の申立人のみですので、売主さんに頼んで市役所で取ってきてもらう必要があります。

固定資産評価証明書に記載されている項目は、次の通りです。

土地

- 所有者の住所、氏名
- 土地の所在地
- 台帳地目
- 現況地目
- 地積
- 評価額
- 共有部分の按分

建物

- 所有者の住所、氏名
- 建物の所在地
- 家屋番号

● 種類
● 主体構造
● 屋根構造
● 階数
● 登記床面積
● 課税床面積
● 評価額
● 共有部分の按分

証明書には評価額が記載されており、この数字は路線価の8掛けといわれているので、1・25を掛けるとおおよその金額が出せます。固定資産評価証明書の評価額の1・25倍程度の融資額になると思って話を進めると、担保価値を計算して出した場合の数字と大きく乖離することはないでしょう。訳あり物件の場合は、評価額よりさらに値下げ交渉が可能です。

まずはどの「金融機関」へ行くべきか

銀行といっても、都市銀行、地方銀行、信用金庫、政府系金融機関、ノンバンクなど、さまざまな種類があります。共通していえることは、どの金融機関もシェアハウスに関する知識はほとんどもっていないということです。もし、あなたの周りにシェアハウスの融資がおりたという人がいたら、その金融機関を紹介してもらえばいいのですが、なかなか見当たらないのではないでしょうか。

そこで初心者は、まず、中小企業や個人事業主の強い味方「日本政策金融公庫」に行くべきです。日本政策金融公庫は１００％国の出資によって運営されており、地域の身近な金融機関として、小規模事業者や創業企業に向けた事業資金融資のほか、教育資金融資を行っています。

低金利で返済期間が長く、女性・若者・シニア起業家の支援資金や地域活性化・雇用促進資金などの融資が充実している、事業アドバイスが受けられるといった特徴があります。審査が厳しく時間もかかり、半額は自己資金が必要となるなど、物件価格の全額を借りられないことも多いですが、賢く活用して資金を調達しましょう。

地銀または信金にアタックするのもいいですが、これは相性やタイミング次第だと思います。事前に融資相談の電話をかけて、今買いたい物件の事業計画書を送り、よい反応があれば出向くといいでしょう。ノンバンクは絶対に利用してはいけません。理由は後でご説明します。

なお、メガバンクはかなり敷居が高く、シェアハウスに限らず不動産投資全般において、初心者はお付き合いできないものと思っておいてください。

おもな金融機関

●都市銀行（都銀）……日本全国の主要都市に支店を持つ、大規模な普通銀行。三菱ＵＦＪ銀行、みずほ銀行、三井住友銀行、りそな銀行。前者三行は「3メガバンク」とも呼ばれる。

●地方銀行（地銀）……各地方や都道府県内を営業基盤としている普通銀行。本店のある都道府県を中心に支店を置き、おもな取引先を地元の中小企業や個人とする。旧国立銀行に起源をもつ「第一地銀」と旧相互銀行や信用金庫の流れをくむ「第二地銀」

とがあり、どちらも事業内容はほぼ同じだが、銀行の規模などが異なる。

●信用金庫（信金）……会員制度による協同組織として運営される非営利法人。特定地域の活性化や相互扶助を目的としている。その信金の営業地域内で「居住する者」「勤務する者」「事業を行う者」のいずれかに該当する人が利用できる。

●政府系金融機関……政府が経済発展や中小企業支援などを行うために設立した金融機関の総称。日本政策投資銀行（DBJ）、日本政策金融公庫（JFC）、商工組合中央金庫（商工中金）、国際協力銀行（JBIC）などがあり、おもに融資を行うことを目的としている。低金利で返済期間が長く負担が少ない、事業アドバイスが受けられるといった特徴がある。

●ノンバンク……いわゆる貸金業者のこと。カードローンを提供している消費者金融業者、クレジットカード会社、信販会社などが含まれる。銀行や信用金庫などでどうしてもローンを組むことができないときに短期的な融資を受けたり、一時的な運転資金不足を補ったりと、使い勝手がいい場合がある。

情報収集には足を使おう

銀行から融資を受ける際、自宅の近く、または購入予定物件の最寄りにある銀行を利用することになります。どこで物件を買うかはまだわからなくても、自宅近くの銀行はいつでもお世話になれるように、今から準備しておくことが大切です。

銀行によって個人の不動産投資家への融資のスタンスは異なりますが、支店長によっても違います。◯◯銀行のA支店の支店長は不動産投資の融資には消極的だけれど、B支店は物件次第で通りそうだということもあります。近隣の支店を一通り回って、リサーチしておきましょう。

銀行口座の開設は、物件を買ってからでも構いません。まずは、「こういうシェアハウス経営を始めようと思っていますが、御行は不動産投資の融資相談に乗っておられますか？」と片っ端から取材して回ることです。

サラリーマンをしていて平日に銀行回りができない場合は、ＦＡＸで質問状を送っておき、電話で回答を聞くのがおすすめです。銀行員は記録を残すことを嫌がる傾向がありますので、ＦＡＸやメールでの返信をお願いするより、電話で聞いたことを自分でメモしておくほうがスムーズにいきます。

私の講座の受講生にも、「A銀行○○支店××支店長、担当者Bさん、不動産については積極的だが、融資は物件による。新築ならOK」などの情報を一覧表にしている人がいます。どことどこに行けば融資してもらえる可能性があるのかを事前に調べておけば、いい物件が見つかったとき、手応えがあった銀行だけにすぐに相談に行くことができます。あとはそのなかから少しでも金利が低いところ、より条件がよいところを選べばいいのです。

融資を受けるまでのステップは、次のページにある通りです。物件が見つかってから銀行を探して情報収集をするのでは、満足のいく交渉ができません。少しでも安い金利で長く借りられるよう、競ることが可能な銀行だけに話を持っていくほうが勝負は早いです。

中には、再調達価格を教えてくれる銀行もあります。といっても、向こうから教えてくれるわけではありません。「私は1㎡19万円くらいでみていますが……」と水を向けると、「いや、そんなには……」と反応してくれる場合があるので、相手の言葉のニュアンスから判断します。銀行員に「この人、知ってるな」と思わせたほうが、いい条件で融資をひいてくることができます。

事前に銀行の情報を集められない人、条件の交渉ができない人は、最初は日本政策金融公庫に行きましょう。その場合ももちろん、物件を決めるまでに、どういった融資が受けられるのかを調べておきます。

●**融資を受けるまでの9ステップ**

①融資を受けられそうな金融機関の目星をつけておく
②物件を決める
③事業計画書を作成する
④必要書類を揃える
⑤銀行にアポイントを取る
⑥面談を受ける
⑦金融機関が現地を下見
⑧審査結果が出る
⑨融資が実行される

銀行脚に持っていくツール

融資相談に行く際に必要な書類は、物件資料、事業計画書、固定資産評価証明書です。このほかに、シェアハウス事業をプラス評価できる資料があれば加えてもいいでしょう。また、シェアハウスがどういうものかを知らない銀行員も多いので、シェアハウスそのものを説明できる資料も添えます。金融機関は体裁を大切にします。表紙をつけて見栄えよく、1冊のプレゼンシートにまとめましょう。

事業計画書の書き方やテンプレートは、インターネットで調べると出てきますので、必要に応じてアレンジして使います。事業を行う上で核となるものですので、無理なく返済できる計画を立てることが重要です。

融資審査の際は必ず、個人の信用情報を調査されます。個人事業主の場合は、3年分の確定申告書の提出を求められると思います。サラリーマンの場合は、3年分の源泉徴収票か、所得証明書（課税証明書）を提出することになります。源泉徴収票は会社の総務部などで、所得証明書はお住まいの役所で発行してもらいましょう。

もし、宅建やファイナンシャルプランナーなど、シェアハウス事業を行う上で有利になる資格を持っていたら、それを証明できるものを添えます。思いつく限り、なんでもアピールしていきましょう。

●チェックリスト　銀行に持参する書類

物件の審査用

□物件資料
□事業計画書
□固定資産評価証明書
□その他シェアハウス事業をプラス評価できる資料
□シェアハウス自体の説明資料
⬇これらの書類に表紙をつけてまとめる。

個人の審査用

□個人事業主の場合、3年分の確定申告書
□サラリーマンの場合、3年分の源泉徴収票か所得証明書（課税証明書）
□シェアハウス事業を行う上で有利になる資格を証明するもの

（宅建、ファイナンシャルプランナーなど）

融資審査で銀行は何をどう評価するのか？

銀行の融資審査は担保評価がメインですが、属性も評価されます。「属性」とは、個人の信用情報のことです。いわゆるブラックでない限り、属性の評価で落とされることはほとんどないので、きちんと担保価値を計算して事業計画を立てていれば問題ありません。

もし審査に落ちても諦めずに、何がいけなかったのかをヒアリングして原因を分析し、改善することで融資に近づけます。銀行員によっては原因を教えてくれる人とそうでない人がいるので、物件の評価が低かったのかどうかを聞いてみます。物件の場合は物件ですとハッキリ答えてくれるはずなので、言わないときは自分に原因があることがわかります。自己資金が少なすぎるときや、事業計画に問題がある場合、物件に欠陥や瑕疵がある場合も審査落ちになることがあるので、そのあたりも探ってみます。

同じ物件であっても違う物件であっても、基本的には何度でも同じ銀行にアタックして構いません。ただし、本店の審査部まで書類が行って本審査に落ちると、よほど条件がよくならない限り通りません。支店の融資担当や支店長のレベルでNGだった場合は、何度やり直しても大丈夫です。

　本店に融資審査落ちの記録が残ると、あとあとやりにくくなります。そうなる前に、支店長決裁で融資がおりるラインを聞いておくといいでしょう。たとえば、5000万円を超えると本店審査になるが、それ未満なら支店の審査のみでOKという場合は、頑張って売主に値引き交渉をして4900万円にしてもらうか、100万円余分に自己資金を用意して4900万円の融資をひくようにすればスムーズに通ることがあります。

　もう1つ、融資を受ける際は、返済期間や据置期間をしっかり考えて事業計画を組むことが重要です。物件評価が正しく出せていれ

図6　据置期間の設定

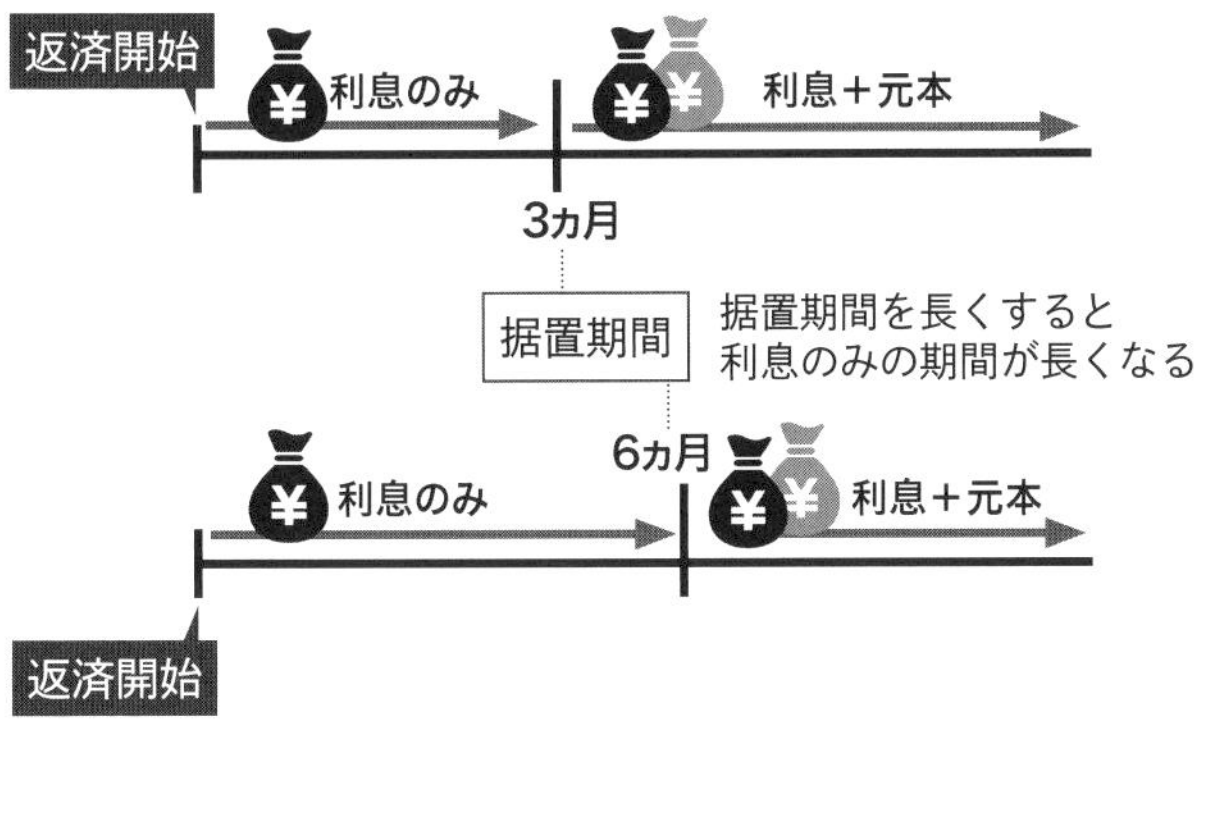

ば、初心者でも据置期間を設定できます（図6）。

多くの場合、シェアハウスのすべての部屋が空室のまま入居者募集を行うので、事業をスタートした時点では返済金額をできるだけ低く抑え、満室になって家賃収入が安定してから支払いたいところです。

資金繰りが悪化しないように、据置期間を設定して最初の3カ月あるいは6カ月は利息だけ返済し、遅れて元本の返済を始めることができれば経営が楽になります。

「特例融資」「協調融資」を知ろう

融資や補助金に関する制度は、日々目まぐるしく変わっています。不動産投資を行う上で、常に最新情報を調べる習慣をつけたいものです。

インターネットで「都道府県名　融資　特例」「市区町村名　融資　特例」「都道府県名　補助金」「市区町村名　補助金」などのワードで検索すると、つい先日までなかった新しい制度や特例貸付が見つかる場合があります。知らずに損をすることがないよう、居住地と購入する物件の所在地で、都道府県名と市区町村名の両方を検索し、積極的に情報を入手しておきましょう。

たとえば、民泊が流行し始めた頃は民泊に関する特例融資が、新型コロナウイルス感染症が拡大したときには、経営に打撃を受けている中小企業向けの特例融資が登場しました。ここで注意すべき点は、銀行以外で借りるときは、政府系金融機関など公的な機関を使うということです。

ここでいう「特例融資」とは融資の特例制度のことで、日本政策金融公庫にもさまざまな制度があります。起業家を支援する融資制度や、女性・若者・シニア起業家向けの融資など、無担保・無保証人で借りられる特殊な融資もあるようですので、ご自分の事業や状況に合ったものを調べてみてください。

特例融資のメリットは、安い金利で長く借りられる点です。毎月の支払い負担の少ない金額で返済できるので、イメージとしては「返さなければならない補助金」といったところでしょうか。デメリットは、必要書類が多く手間がかかることです。

もう1つ知っておいてほしいのが、複数の金融機関から融資を受ける「協調融資」です。仮に1億円の物件を購入するためにA銀行に融資を申し込んだとして、A銀行は5000万円しか貸せないという場合、残りの5000万円は自己資金で用意することになります。そこで、A銀行を窓口にして、日本政策金融公庫や公的な融資機関からの融資を複数重ねて協調融資してもらい、合計1億円を借り入れるという方法もあります。

銀行員が協調融資を知らない場合もあるので、「協調融資でもいいので融資してほしい」と伝えて調整してもらいましょう。協調融資を利用できるのは初心者だけです。不動産投資の経験が豊富な人は、さまざまな裏技を使い終わっています。すでに公庫から借りていれば、その枠が使えません。銀行だけがすべてではないので、初心者こそ公的機関の融資を積極的に使うべきです。

ノンバンクには絶対に行ってはいけない！

最初にノンバンクやサラ金に近いところでお金を借りてしまった場合、「一発レッドカード不動産業界からは退場！」とまでは言わないまでも、イエローカードくらいのイメージでいていただきたいものです。実際にお金を借りず、融資の審査を実行するだけでもダメです。

借入や審査の記録は信用情報に記載されてしまうため、2つ目、3つ目の物件を購入するときに、他の金融機関から融資をひこうとしても警戒されてしまいます。銀行員の立場になって考えてみると、「なぜこの人は銀行で融資を受けられなかったのか、危ないのではないか」と疑われても仕方ありません。不動産投資の初心者にはデメリットしかないと思ってください。

その一方で、ノンバンクのメリットは、銀行よりも審査が緩いため、決算内容が悪くても融資が可能な点です。手続きが簡単で迅速に融資してもらえるので、なかには金利が高くてもいいからノンバンクで早く借りて早く売って早く返済し、転売を繰り返して利益を上げている上級者もいます。

一度ノンバンクを利用したら、ノンバンク以外では借りることができなくなる可能性が高くなります。初心者は絶対に手を出さないことです。

決算資料を意識していますか？

決算資料とは、「貸借対照表（ＢＳ）」「損益計算書（ＰＬ）」「キャッシュ・フロー計算書」など、決算内容や会社の状況を説明する資料のことを指します。多くの人が損益計算書（ＰＬ）ばかりを意識しますが、私はバランスシートを強化していきましょうと言っています。

貸借対照表（バランスシート）

「ＢＳ」(Balance Sheetの略) とも呼ばれる。会社の資産や負債の状態を知る大切なツール。お金の調達方法と運用の仕方を表している。

損益計算書

「ＰＬ」(Profit and Loss statementの略) とも呼ばれる。収益と費用をまとめ、純利益を見るもの。利益の生み出し方を表している。

キャッシュ・フロー計算書

上場企業では決算時に作成が義務付けられている。現金の増減とその理由を示し、現時点で手元にある現金の額を把握することができる。

バランスシートは「ＢＳ」「貸借対照表」とも呼ばれ、会社の資産や負債の状態を知る大切なツールです。図7のように、借方と貸方に記入した資産と負債を用いて資本金を出すものです。借方と貸方の合計金額は必ず一致します。

私がこれまで拝見した中で、なぜか、バランスシートの純資産がマイナスになっている人が少なくありません（図8）。

たとえば、1億円で不動産を買うときに、計算すると物件の評価額が７０００万円や

8000万円になっている人がいるのです。公務員や大手企業のサラリーマンなど、個人の貯蓄や信用力で、不動産の担保価値以上の融資を引き出した方に多く見られます。

この場合、資産に7000万円と書くと、負債が1億円で純資産はマイナス3000万円！ あり得ないことです。純資産がマイナスになっていると、2つ目以降の物件を購入するときに銀行から融資がおりません。

「担保価値重視」の私のやり方で不動産投資を行うとき、評価額1億円の物件は1億円以下で購入します。資産は1億円で、負債は1億円または安く買って8000万円の借入、純資産はゼロまたは2000万円となります（86ページの図9）。

あなたが銀行員だとして、純資産がマイナ

図7 「バランスシート（貸借対照表）」の書き方

借方	貸方
資産（軍資金）	負債（借金）
	純資産（手持金）

図8 初心者に多いバランスシート

借方	貸方
（資産） 不動産　7000万円	（負債） 借入金　1億円
	（純資産） −3000万円

スの人とプラスの人がいたら、どちらにお金を貸しますか？
銀行はおもに純資産に注目しているので、ここを膨らませることが重要です。そのポイントは、

- 物件を担保価値以下で買うこと
- シェアハウスを高利回りで運営すること
- 売却益を出すこと

この3つです。

物件を担保価値以下で買えば含み益が出ます。含み益とは、保有する不動産が買ったときよりも値上がりし、売却すれば利益が出る状態のことです。含み資産（資産価値が帳簿に記載された資産価値を上回っている場合の差額）も大きくなります。

また、シェアハウスを高利回りで運営していくことで、早く純資産がたまっていきます。利回り20％であれば買ってくれる人がいますし、売却益が出せます。純資産が膨らむ要素がどれ

図9　担保価値重視で物件を購入した場合のバランスシート

借方	貸方
（資産） 不動産　1億円	（負債） 借入金　8000万円
	（純資産）2000万円

だけあるかで、次の不動産が早く取得できるかどうかにつながります。

とくにサラリーマン大家さんに多いのですが、不動産を持つとすぐに欲しいものを買う人がいます。個人的な支出は毎月のお給料から使えばいいものを、家賃収入で家族旅行やレジャーに出かけてしまい、純資産を減らしていることに気付いていないのです。

家賃収入には手を付けずに、それをもとに再投資、さらに再投資していくことを忘れないでください。

2軒目、3軒目と連続で物件を買うために忘れてはならないこと

不動産投資を始める際、物件を1つ購入して終わるつもりでなければ、初めから2軒目、3軒目の展開を考えて1軒目を取得するべきです。3つの物件をうまく回せるかどうかによって、その後の4、5、6軒目に行けるかどうかが決まってきます。

複数の物件を管理するときに最も重要なのはエリアです。銀行が決算書を見たときに、エリアがバラバラだと戦略がないと思われます。たとえば、大阪市内で1軒目をオープンし、次は福岡市内、その次は札幌市内で……となると、自分1人で管理するのが難しくなります。1軒目の物件を買う前に、2軒目の物件は1軒目の物件から30分~1時間以内で

行けるところに、3軒目も同じくらいの距離で開業することを考えておきます。

三角形を描くような動き方ができるほうが管理は楽です。チェーンストアの経営戦略と同じで、地域を絞って集中的に出店するドミナント戦略でいきましょう。そうすることで、同じ銀行から3軒分の融資をひくことができる可能性もあります。物件ごとに最寄りの銀行で借りていくと、その1軒分しか評価されませんが、3軒分をまとめて判断してもらえれば金利が下がったり返済期間が長くなったり、いい条件で融資を獲得できることがあります。

さらにリフォーム業者も、エリアが近いと同じ業者に担当してもらえるので、2軒目だから、3軒目だから安くして、と値引き交渉しやすくなります。他人から「あの人はこういうことをしている人だ。このエリアなら空き家を買うだろう」と思われれば、物件情報を持って来てくれることもあります。

ただし、あまり近すぎると自分の物件同士でお客さんを取り合ってしまうので、1駅程度は離すか、同じ駅の近くなら部屋数を減らして2軒にするといいでしょう。

初心者は不動産投資に慣れるまで、利回りよりもエリア重視でいきます。たとえば名古屋の中心地である栄エリアで開業したい人は、栄駅周辺ではなく、栄まで1本で行ける路線で乗降者数が多い駅前を選びます。一等地から1、2駅または10～15分離れた乗降者数が多い駅前であれば、大コケすることが少ないのです。私の講座の受講生で失敗した人はいません。

第1章でご紹介した元旅館をリノベーションしたシェアハウスは、栄から10分ほどの名古屋市港区にあります。近隣のワンルームマンションの家賃が月1万9800円くらいだったところで、共益費込み5万2000円に設定して満室になりました。これは、栄エリアに住みたい家賃層の人たちを取り込んだからです。

一方、不動産投資の経験者は、売却するときのことを考えて、売りやすい物件を買うことが多いです。不動産を未来永劫所有することはなく、どこかのタイミングで売ることになるので、シェアハウスとして売るか住宅にリフォームし直して売るか、どちらの状態でも売れる物件を買います。銀行は購入時のリフォーム代を融資してくれますが、売却時のリフォーム代は融資してくれません。出口戦略を考えて購入する必要があります。

売却のタイミングは、市況がいいときと5年目を迎えたときです。市況がいいときは、担保価値より高い値段で売りに出し、買い手があれば売ります。反対に市況が悪くなったら、担保価値より安い値段で買います。5年目に売る理由は、短期譲渡所得と長期譲渡所得の税率が5年を区切りに変わるためです。税率が小さくなってから売って利益を確定し、手元に現金を残します。

第3章のまとめ

●物件の担保価値を「積算法」で計算する
●「担保価値重視」をベースに物件を評価して、銀行から融資をひく
●初心者はまず「日本政策金融公庫」に行く
●銀行からの融資の場合は、自宅または物件の近くにある銀行を利用する
●融資相談に必要な書類は、物件資料、事業計画書、固定資産評価書
●銀行本店の融資審査に落ちないように、支店長決裁で融資がおりる金額ラインを確認
●居住地や物件所在地における融資や補助金制度の最新情報をWeb検索などでチェック
●ノンバンクは不動産投資の初心者にはデメリットしかない
●「貸借対照表」と「損益計算書」を意識しよう
●複数物件を管理するときに重要なのはエリア（戦略を持つ）

information❸

「住宅ローン」で投資用シェアハウスを買ってはいけない

アパートローンは投資用または商業用不動産に必要な資金を融資するローンで、住宅ローンは自分や家族が居住する不動産に必要な資金を融資するローンです。ローンの対象となる物件の性質が異なるため、当然金利や借入期間も違ってきます。住宅ローンは投資用不動産には使えません。

住宅ローンの場合、金融機関は本人の返済能力に対して貸出を行っています。勤務先や収入などの属性が重要視され、勤務先の給与支払い能力が高ければ高いほど住宅ローンは組みやすくなります。そこで、サラリーマンのうちに住宅ローンを組んで、投資用の物件を購入すればいいとすすめているノウハウ本があります。アパートローンより住宅ローンのほうが、金利が低く融資期間も長いためです。

賃貸経営が目的であるにもかかわらず、自分が住む家だと偽って住宅ローンを組んで投資用の物件を購入するのは間違いです。本人の「属性」を使うと、落とし穴にはまることがあります。バランスシートの純資産がマイナスの「売るに売れない自己破産予備軍の不動産」となる可能性があるからです。

また、発覚すればアパートローンに契約変更を求められたり、場合によっては残金の一括返済を求められたりすることもあります。二度とその銀行とはお付き合いできず、出入り禁止になります。

融資はあくまでも物件の担保価値を使って獲得することです。私のやり方なら、大手企業に勤めていなくても収入さえあれば不動産を買うことができます。

第4章

「部屋割り」「デザイン」で さらに差別化を

——リフォームの実例から家具や家電の選び方までを伝授

「部屋割り」をどう区切れば効率的か？

物件を購入したら、次はリフォームです。第2章の物件選びのところでもお話ししましたが、効率的に部屋割りしやすいのは、できるだけ正方形に近い物件です。区切った後の部屋の形は、正方形でなくても構いません。普通のワンルームマンションではなくシェアハウスを選ぶ人たちには、むしろ独創的な部屋を好むケースが多く見受けられます。結婚すれば変わった部屋には住みづらいので、若いときだけの特権ということでしょう。

オーナーさんの中には、利回りを追求して一部屋あたり3〜4畳でリフォームする人がいますが、一般的には最低4・5畳以上が必要だといわれています。私は4・5畳でも狭いと思うので、6畳以上の部屋しか作りません。6畳あれば、ビジネスホテルのシングルルームのようにテーブルとイスとベッドが置けます。押入れだった部分の扉を外して、テレビのコンセントを付けてパイプを渡し、戸棚兼クローゼットにすると収納スペースも確保できます。

ここで気をつけたいのが、もともと10〜12畳あった部屋を2〜3部屋に区切ろうとするとき、無窓居室（建築基準法における一定の要件を満たす窓がない居室）ができてしまう場合は、法令により原則として必ず窓を設ける必要がある点です。このとき、窓や扉をつけることで、建物の耐久性が落ちないように設計することも大切です。

私が初心者におすすめしているのは、3階建ての戸建て住宅です。1階に人が集まるリビングやキッチン、お風呂、洗面所、といった水回りの共有部分を集約し、2階・3階は居室とトイレという間取りにすると、管理しやすいのです。

リフォームの実例……講座受講生の場合

次の写真は、私の講座の受講生である金子悟史さん（仮名・30代・会社員）が運営している、東京都足立区のシェアハウスです（96ページの写真1）。

築40年以上の3LDK戸建てを転貸借して、平均7・45㎡、居室6部屋のシェアハウスにリフォームしました。

おおよその満室表面利回りは、40％です。

※転貸借での運営のため、初期投資／家賃ランニングコストで算出
※初期投資は、改装費や家具などの購入費

写真1　シェアハウスのリフォーム例1

改装前

改装後

※ランニングコストは、賃貸収入から一棟の賃借料を引いた金額（ただし、管理費などは含めずに算出）

100ページの写真は、私の講座の受講生T・Nさん（30代・宿泊業）が運営している大阪市のシェアハウスです（写真2）。

築年数不明の5LDKの戸建てを購入して、1室平均10㎡・7部屋のシェアハウスにリフォームしました。

おおよその満室表面利回りは、17％です。


その次の写真は、私の講座の受講生Kさん（40代・会社員）による、千葉県柏市・築38年5DKの戸建てを9部屋にリフォームした例です（101ページの写真3）。

1室平均7・5㎡。おおよその満室表面利回りは17％です。


私は初めから大きめの物件でシェアハウスを開業していたので、ほとんどの物件にシアタールームや読書ルームといったサービスルームを設けています。できればリビングも2つ作るようにしています。もし入居者の間でトラブルが起きたときに、別々に過ごせるスペースがあるとガス抜きになるからです。

リビングやサービスルームなど、入居者が交流できる共有スペースの隣には居室を作らないようにします。うるさいというクレームが出ると、その後の運営管理が大変になるので、あらかじめ予測できるリスクは排除しておきましょう。

入居者を想定したデザインコンセプトを

シェアハウスは、おもな入居者となる30歳前後の働く女性が好むようなデザインにしなければなりません。

シェアハウス検索サイトを見ると、オーナーの好みや趣味で愛犬と暮らせるシェアハウス、ゲーム好きのためのシェアハウス、筋トレ設備が充実したシェアハウスなど個性的なコンセプト型シェアハウスのほか、シングルマザーを対象としたシェアハウス、若者と高齢者が一緒に暮らすシェアハウスといった社会的意義の強いシェアハウスなどもあります。

しかし、不動産投資の初心者が、こうしたコンセプトを強く打ち出したシェアハウス事業を始めるのはリスクがあります。

入居者ゼロの状態でスタートするわけですから、まずは若い女性に広く受け入れられる

写真2　シェアハウスのリフォーム例2

改装前

改装後

写真3　シェアハウスのリフォーム例3

改装前

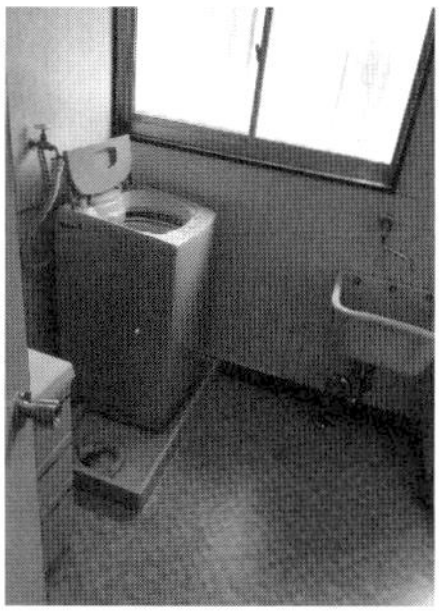

改装後

お洒落感漂うシェアハウスから始めるべきです。デザインは、リノベーションしたカフェを参考にするといいでしょう。

地方の物件ほどナチュラルな雰囲気で、近隣のワンルームマンションにはないお洒落感をいかに出せるかがコツです。小洒落たカフェ風のリビング、内装も家具も家電も、一人暮らしでは買えないようなものを揃えます。共有スペースには、入居希望者が見学に来た際に目を引くもの、インパクトがあるものを置きましょう。

たとえば、10部屋あるシェアハウスの各部屋に14インチのテレビを設置し、リビングにも14インチのテレビを1台置くオーナーさんがいますが、これでは意味がありません。私なら、各部屋にはテレビのコンセントを付けるだけでテレビは買いません。14インチのテレビを11台買う代わりに、50インチまたは60インチの

写真4　大型液晶テレビを置いたリビング

テレビを1台買ってリビングに置きます（写真4）。

ワンルームマンションに住むか、シェアハウスにするか迷っている層がターゲットになるので、テレビが必要な人はすでに持っていることが多いはずです。だったら、自分では買えない大画面テレビをリビングにドーンと置くほうが、インパクトがあります。メーカーにこだわらなければ、大型液晶テレビも安く買えるようになってきました。100インチのプロジェクターを用意して、シアタールームを作るのもいいでしょう。白い壁をスクリーンにして、入居者同士がスポーツ観戦やゲームで盛り上がっているところもあります。

お風呂も、単身者はお湯をためずにシャワーだけで済ませる人が多いのですが、必ずバスタブは付けておきます。内見に来て「シャワーしかないのか」と思われると、マイナス評価につながるからです。追い炊き機能はなくても構わないので、ネコ脚の付いたバスタ

写真5　バスタブを必ず設置する

ブなど、見た目重視で選びましょう（写真5）。

いかにお金をかけずにパンチがきいたものをギュウギュウに詰め込むか、女性が好きそうなものをたくさん用意できるかがポイントです。どれが決め手になるかはわかりませんが、「これ、いいかも」「ここに住んでみたい」と思わせることができれば成功です。

初めから作り込むよりも、見学者の反応を見ながら、これでもかこれでもかと足していくといいでしょう。そのためには、最初に予算を使い切ってしまわないことです。男性の入居者を受け入れる場合でも、女性うけするデザインにしておけば大きく外すことはありません。

もう一つ重要なのが動線です。たとえば、誰かがお風呂に入っている間は洗濯機が使えないとか、トイレを使っている人がいると洗面所で洗顔ができないとか、日々のちょっとしたストレスが積み重なると、クレームにつながったり退去理由になったりします。

動線のぶつかりがないかどうかをしっかりチェックして間取りやデザインを決めます。お風呂やトイレは5人に1つの計算で設置するといいでしょう。洗濯機も5人に1台は欲しいところです。

なお、各部屋でWi-Fiが使えるようにしておきますが、通信速度についての確約や明言は避けましょう。最近では、パソコン、タブレット端末、スマートフォン、ゲーム機など、一人で4、5台接続する人が珍しくないので、一つの回線に大量のアクセスが集中するとつながりにくくなってしまいます。ワイヤレスの場合は、電波状況やエリアの影響で通信速度が遅くなることもあり、入居前に通信速度を約束してしまうとクレームにつながりかねません。「Wi-Fiも使えますよ」程度の表現にとどめておいたほうが無難です。

近隣物件をリサーチ！　チェックすべきポイントは？

第2章でも述べた通り、物件の購入前に競合となる近隣のワンルームマンション、シェアハウスなどの賃貸住宅をリサーチするのは当然ですが、より重要なのは、自分のシェアハウスより後にできた物件をチェックすることです。常に満室で安定した家賃収入を得るには、他の物件に入居者を取られないようにする必要があるからです。

競合物件のホームページを見ればある程度のことはわかりますが、写真と実物が異なる場合も多く、実際に行ってみないと雰囲気まではわかりません。外観は自分で見に行くことができても、内部の見学はできないので、入居者と近い年代の知人や友人に内見に行ってもらい、できれば写真や動画を撮ってきてもらうといいでしょう。

チェックするポイントは、次の通りです。

□外観
□リビング
□居室
□キッチン、お風呂などの水回り
□シアタールーム、ライブラリー、プレールームなど、リビング以外のサービスルームがあるかどうか
□家賃
□初期費用
□稼働率

まず競合相手を知り、互いの物件を比較して、サービス面、料金面の両方で差別化を図ります。相手のよいところは真似て、足せるものは足していきます。家賃や敷金・礼金、仲介手数料などは総額で比較して、自分のところのほうが高い場合は特典をつけるようにします。たとえば、新規の入居者には自転車をプレゼントする、期間限定でキャンペーン価格を設定するなど、できる限りいろいろな対策を講じて、競合相手が開業時に行った差別

化を無効にするのです。

何もせずに満室状態が続くことはあり得ません。周りの状況はどんどん変化していきます。常に近隣の物件をリサーチして、先手、先手を打っていきましょう。

「法令」で気をつけること

法令で大きくかかわるものは、消防法と建築基準法です。消防法については開業するシェアハウスの所管の消防署に、建築基準法については自治体に、事前に確認して開業準備を行います。

シェアハウスは、採光・換気などの衛生面から、各部屋に必ず窓を作らなければ営業できません。物件の購入時に窓があるかどうか、窓を大きく作り直す必要があるかどうかをチェックしておきましょう。

建築基準法で「居室には、採光が確保できる窓の面積を部屋の床面積の7分の1以上設けなければならない」とされているにもかかわらず、守っていないケースが少なくないようです。これはもちろん法律的にアウトですが、入居者側の目線で見ても、小窓しかない収容所のような部屋に住みたいとは思わないので、法令を遵守した上で、明るい雰囲気の部屋にリフォームすることが大切です。

また、忘れがちなのが建築物の用途変更です。シェアハウスは法令上、「寄宿舎（下宿）」になります。戸建ての物件を購入した場合、登記簿謄本に「住居」と記載されているはずですが、複数人が住むシェアハウスは「寄宿舎（下宿）」に用途変更しなければ開業できません。

私は2013年に名古屋市港区で1軒目のシェアハウスを開業したのですが、物件を購入した翌月に建築基準法が厳しくなりました。寄宿舎に用途変更をする際には、通路が何メートル以上必要だとか、床から天井までが何メートルだとか、何平米に一つコンクリートの防火壁がないといけないとか、さまざまな決まりがあります。結局、防火壁やスプリンクラーの設置などで、予定していた以上の初期費用がかかってしまいました。

この「寄宿舎問題」の対策としては、初めから「寄宿舎（下宿）」として登録されている建物を買うか、200㎡以下の物件を購入するかです。現在は規制が緩和され、現時点では200㎡以下の建物であれば用途変更が不要になりました。

不動産投資の初心者は予算面で大きな物件が買えず、200㎡以下の物件からスタートすることが多いため、建築物の用途変更について知らないでシェアハウス経営を始める人がいます。2軒目、3軒目の物件を購入する際に「寄宿舎問題」に引っかかると、思わぬ出費となるので覚えておきましょう。

また、２００㎡以下の物件に人気が集中し、物件の取り合いになる可能性も出てきます。すると２０１㎡以上の物件が売れなくなるので、値段が下がるのを狙って、あえて２０１㎡以上の物件を買うという手法もあります。

たとえば２２０㎡の物件を購入した場合、建築士さんに相談して営業面積をわざと狭めるという裏技が使えます。合計20㎡分のスペースに壁を作って何も置かず、開かない・使えないようにし、２００㎡で営業しますという書類を役所に提出すれば用途変更が不要です。

information❹ リビングがない詰め込み式シェアハウスのデメリットとは？

第1章でご紹介した「かぼちゃの馬車」は、リビングがない詰め込み式シェアハウスでした。経営破綻した業者と、業者に癒着していた建築会社や銀行にコンプライアンス違反があっただけでなく、物件そのものにも大きな問題がありました。

「かぼちゃの馬車」は敷金・礼金・仲介手数料が不要、光熱費やインターネット利用料、管理費も込みで、家賃4万円程度に設定されていました。居室にはベッドや冷蔵庫といった生活に必要な設備が揃っており、トランク一つで即入居可能なことを売り文句に、地方から上京する女性をターゲットとして展開されていました。しかし、ほとんどの居室は5畳未満で、くつろげるリビングのような共有スペースがなかったのです。平米単価で計算すると、周辺のワンルーム物件と比べても割高になっていました。その結果、空室が埋まらず、被害者となったオーナーさんの中には、2部屋分をリビングルームに作り直して再スタートした人もいます。

そもそもシェアハウスに住もうと思う人は、適度な距離感で人とのつながりを求める人たちなので、入居者同士のコミュニケーションの場となるリビングがないというのはあり得ません。リビングがなければ、どんな人が一つ屋根の下に住んでいるのかわからず、トラブルが絶えなくなります。

また、見学者は日中の住人がいないときに来ることが多く、リビングを見てどんな人がどんなふうに暮らしているのかをチェックします。

私は物件によっては、リビングの壁一面に黒板用の塗料を塗っています。先輩入居者の落書きや筆跡の違う伝言がたくさんあると、交流が盛んで楽しげな様子が伝わります。季節のイベントに合わせた絵や装飾で彩れば、ワクワク感も演出できます。リビング次第でシェアハウスの特徴や雰囲気が決まってくるので、集まりやすく、温かく、過ごしやすい、明るい雰囲気を作ることが重要です。

運営面で必要なアイテムとは？

シェアハウスは複数の入居者による共同生活であることから、入居者の安全と衛生の確保、適正な運営管理を目的に、入居中の生活ルールを設定し、事前説明を行うことが重要です。生活ルールがないシェアハウスは荒れやすくなります。

私は必ず、日本語版と英語版のハウスルール（生活ルール）を作成し、緊急連絡先を書いておきます。入居者一人ひとりに渡しておくのはもちろん、リビングにも同じものをパウチ加工して設置し、入居者がいつでも読めるようにしています。次ページに、実際に利用されているハウスルールの一例を載せておきますので、参考にしてください（図10）。

※ハウスルールには、おもに次の事柄を定めます。

3. ごみ処理問題

●シェアハウスは多数の方が生活しますので当然、かなりの量のごみが出ます。そこで、物件毎のごみの管理(集積場所や出す日等のルール)とお願いは厳守して頂きます。ルール違反が続くと「退去」して頂きます。ゴミ出しは「当番制」です。住んでいるフロアの方で順番に入れ替わります。
各フロアのリビングのブラックボードで当番を確認してください。

4. 共有部分関係

①玄関・エントランス

●玄関の入口扉は、防犯の面からも随時施錠状態にして下さい。鍵は、破損・紛失をしないように十分注意し、外部の方への貸し出しを禁止します。

●玄関には個人の靴を常時脱ぎ捨てにせず、個室か専用の下足入れに納めて下さい。万が一雨や泥で汚れた場合や、急いでいて一旦脱いだままでも後で必ず片付けて下さい。守られない場合は、管理側で適宜処分します。

～（以下略)

※実はシェアハウスの生活上のルール違反のクレームで多いのもこの問題です。

●雨傘も靴と同様です。

図10　ハウスルールシートの例「KOMAPORT」(日本語版・抜粋)

KOMAPORT　ハウスルール

本シェアハウス内においては、「互いを分かち合う“シェアの精神”」をとても大切にしています。入居前に必ず一読して頂き、不明な点はお問い合わせください。この資料は、シェアメンバー同士の快適な生活環境を保つ為の最低限のルールです。

その為、生活上不便や不合理なルールは適宜、見直し・改善しますので皆さまから遠慮なくご意見やご提案をお願い致します。

1．入居時

●シェアハウスは様々な方が集い、共に生活されますのでどのような方が住んでいるかが気になるものです。そこで、機会をみて自己紹介を積極的にしてみましょう。
●シェアハウスは通常の賃貸住宅と同じように移転手続きで「住民票」の移動も出来ますので、必要な方は移転手続きをして下さい。
～（中略）

2．火災対策

●シェアハウスで最も気をつける事は『火災』です。台所の火気使用及び使用後の管理には十分注意して下さい。
●個室でのストーブやコタツ・コンロ等の暖房機器の使用は禁止です。但し使用したい場合は事前に管理担当者にご相談下さい。

●ごみ出しや共用部分の清掃ルール（掃除当番など）
●共用部分の利用時間や生活音等の配慮に関するルール（台所・玄関・浴室・リビング・洗濯など）
●禁止事項（喫煙、ペットの飼育、私物の放置など）
●友人などの訪問や宿泊に関するルール
●安全・防犯に関するルール（火気使用時の注意点、玄関や個室の施錠など）
●衛生に関するルール（新型コロナウイルスやインフルエンザなどの感染症の予防と発生時の対応）

運営管理面でとくに気をつけることは清掃です。清掃が行き届いていないと、退去されてしまうことがあります。将来、物件を売却することを考えても、とにかく建物をきれいに維持したいので、そのための手間や費用は惜しみません。

入居者が5～10人ほどのシェアハウスであれば、トイレ、お風呂、キッチン、リビング、玄関などの共用スペースは当番制で清掃してもらいますが、10人以上になるとサボる人が出てくるので、業者に依頼して1～2週間に1回清掃に来てもらいます。その分の費用は、あらかじめ共益費に上乗せしておきましょう。

私の講座受講生の中には、毎週自分で掃除に行っている人がいます。私も初めの頃は、20人のシェアハウス2軒に毎週通って掃除をしていました。自分で経験すると、清掃業者に依頼する際に的確な指示が出せるようになるので、トラブル回避のためにも一度は経験しておいたほうがいいと思います。たとえば、お風呂の排水溝の髪の毛詰まりなどは、入居者も業者も放置しがちです。詰まって流れなくなってから連絡が来ると面倒なので、自分でこまめに掃除をするか、業者にここまでやってくださいと細かく指示することです。

シェアハウスを長く運営するには、清潔を保つこと。そのためには、入居者が気軽に掃除できるよう、手が届くところに掃除道具を置くことも大切です。わざわざ探してまではやってくれないので、リビングにコードレス掃除機またはロボット掃除機を置く、お風呂掃除用のスポンジをマメに買い替える、洗剤を補充するなど細かい目配りが必要です。

その際、大家さんが負担するものと、入居者さんが各自で用意するものを一覧表にしておくといいでしょう。清掃道具や洗剤などは大家側が負担するのでなくなったら連絡してください、個人で使うシャンプーや洗濯用の柔軟剤などは自分で好きな商品を買ってください、と明確にしておくことでトラブルは回避できます。

また、キッチンの調理器具を充実させることもポイントです。入居者同士の交流イベントや季節の行事、趣味を一緒に楽しむ機会を設けることで、入居者同士が気遣い合う関係を築くことができます。一人暮らしでは買わないようなホットプレート、ポップコーンマシーン、たこ焼き器など、みんなで楽しめるものを揃えておくといいでしょう。

このほか、私はキッチンに各部屋の番号を振ったカゴを置いています。各自が使う調味料や保存食品などを入れておくためのものです。収納スペースを大きくすることで物が増えるので、引っ越ししづらくなります。個室のベッドも脚の長いものにすれば、ベッドの下に収納スペースを作ることができます。反対に収納スペースが狭いと、ゴミ屋敷化されやすくなったり、退去されやすくなったりします。

ウィズコロナ、アフターコロナの時代において、一人ひとりが衛生管理の正しい知識を持ち、自己管理をしっかり行うことが重要になりました。リビングなどの共有スペースでの入居者同士の交流についても、密になる場所をつくらないようにするなど、「新しい生活様式」でのコミュニケーションが基準となります。ハウスルールや運営側の衛生管理の手順などはこまめに見直し、自助・共助の意識を高めましょう。

リフォームのポイント……お洒落デザインはカフェに学べ

初心者にとって簡単なのは、購入した物件を見て直したいところをメモし、近くのホームセンターに相談に行くことです。最近のホームセンターはリフォームを手がけているところが多いので、たとえば和室をフローリングにしたいなどの希望を伝えて、ベースとなる見積りを出してもらいます。安ければそこに依頼しても構いませんし、インターネットやタウンページで近くの工務店を探して、相見積りをもらうのもいいでしょう。その際、店舗系のリフォームをしているところはデザイン料が高いので、住宅系のリフォームをしているところを選びます。

あるいは、そのエリアでリフォームをしたことがある大家さんがいれば、業者を紹介してもらいます。不動産屋さんからの紹介はキックバック分が上乗せされていることがあるので、やめておきましょう。

デザインは、カフェ本を買って参考にします。その中に好きなカフェがあれば、実際に見に行ってセンスをいただいてきます。近場のカフェであれば、大工さんにもお茶ついでに見てきてもらいます。意外に大工さんの常識ではあり得ない簡単な作りになっていて、「こんなのでいいの?」と驚かれることも多く、お洒落な内装だから見積りが高くなるとは限りません。

行けない場合は、普段からカフェの写真を集めておいて、こういうデザインでと具体的に注文します。漠然と「お洒落に」「カッコよく」「カフェ風に」と言っても、人によってイメージする画がまったく違います。地味な仕上がりになると入居付けが難しくなってしまうので、業者に判断を任せないことです。

とくに、リビングのデザインは少々ぶっ飛んでいてもいいので、SNS映えするような仕上がりにします。アラサー女子にうける、今しか住めない感じの壁紙や床材を具体的に指示することが大切です。インターネットで調べて品番などがわかれば、そのまま伝えます。

予算はすべて使い切らずに、少し残しておきます。いざ工事に入って壁をはがしてみたらボロボロだったとか、どうしても追加工事が必要なケースが多々出てくるからです。

家具&家電の選び方……リサイクルショップをフル活用

家具も家電も食器類も、私はリサイクルショップをフル活用しています。高級住宅地のリサイクルショップに行くとお洒落な商品があり、配達もしてくれます。ホームセンターや格安家具の量販店などで新品を買うのなら、リサイクルショップできれいな中古品を買うべきです。量販店の商品は自分で組み立てる必要があり、耐久性に難があることが多いからです。

入居者は中古品でも状態がキレイであれば気にしません。できるだけお洒落で高級感があり、アラサー女子の一人暮らしでは手の届かないものを揃えると満足度が高くなります。以前、15万円するソファーが、リサイクルショップで4、5万円で買えたことがありました。最近は写真をSNSにあげる人が多いので、格安家具量販店の商品だと値段がわかってしまい、写真映りも残念な感じになってしまいます。

私は、大手の家電量販店で洗濯機やエアコンの特価品を複数台買おうとした際、その値段では一人1台しか売れないと言われたことがあります。転売目的の業者だと思われたようです。仕方なく、近隣の量販店を何軒か回って買い揃えたのですが、配達日時を統一することができず、連日、物件で荷物が届くのを待っていなければいけなくなったことがありました。

また、ベッドを20台購入したときは、各部屋まで運んでもらえるという約束だったにもかかわらず、配達業者に話が通っていませんでした。玄関前に20台置いて帰られてしまい、友人に応援を頼んで全部自分たちで搬入しなければなりませんでした。

その点、リサイクルショップは使い勝手がよく、助かっています。必要なものと予算、納期を伝えると、系列店の在庫確認をして取り寄せてくれる上、シェアハウスの開業前まで預かってくれて、まとめて配達してくれます。小さい冷蔵庫を40台まとめて買ったときも、各部屋まで搬入してくれ、まるで便利屋のような仕事ぶりでした。

シェアハウスに必要なおもな設備は次の通りです。予算に合わせて取捨選択してください。

●リビング

ソファー、テーブル、イス、エアコン、照明器具、大型液晶テレビ、無線ＬＡＮルーター

●キッチン

冷蔵庫、三ツ口コンロ、電子レンジ、調理器具、食器棚、食器類、照明器具、炊飯器

（持って来る人が多いので足りない場合は購入）

●トイレ（5人に一つ）

洋式トイレ、温水洗浄便座

●**お風呂**
バスタブ、シャワー
●**その他**
洗濯機（お風呂場とは別に設置する）、乾燥機もしくは物干し場
●**居室（6畳以上、都内なら4・5畳以上）**
エアコン、ベッド、テーブル、イス、照明器具、コンセント（最低2カ所以上）、テレビ用アンテナジャック、小型冷蔵庫（予算に余裕があれば）、テレビ（予算に余裕があれば）

information❺ 法令を守らないと起こる悲惨な結末

　個人投資家の年収を偽ったり、預金通帳の数字に0を一つ足したりして不正な融資を行い、重大なコンプライアンス違反を犯した「かぼちゃの馬車」については先述しました。窓のない居室やリビングのない物件では、本来であればオーナーさんがリフォームをし直さなければリスタートできませんでした。

　2013年5月には、インターネットカフェ大手の「マンボー」が、東京都内でレンタルオフィスだと主張して運営していたシェアハウスが建築基準法違反や消防法違反を指摘されています。1・7畳ほどの狭い個室には窓がなく、寝台部分が上下で2部屋に分かれていて、寝そべると間近に天井が迫っているような状態でした。火災報知機などの設備もない危険な「脱法

図　脱法ハウスの室内（例）

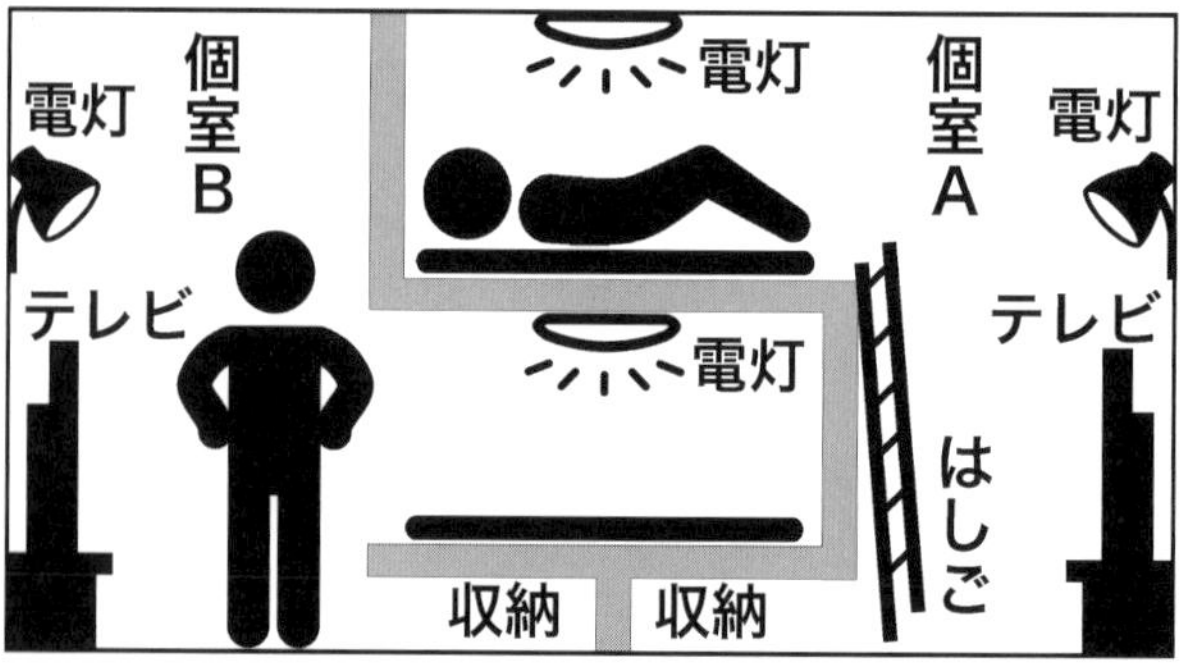

ハウス」だったことがわかり、営業停止になりました（図）。強制退去を求められた居住者は期限延長を裁判所に申し立て、その後和解に至っています。

また「レオパレス21」は扱った物件の界壁、外壁および天井が国土交通大臣認定の仕様に適合していなかったなど、次々と施工不良が発覚し、複数の建築士に免許取り消しの行政処分が下っています。

オーナーさんは、せっかく集めた入居者全員に退去してもらって工事のやり直しをしなければならなくなりました。

こういった悪徳業者と付き合うと、大損害を被るばかりか信頼まで失ってしまいます。一度悪いうわさが広まると、シェアハウスビジネス全体のイメージが悪くなり、マーケットの成長を阻みます。法令違反を犯していないか念には念を入れて確認し、消防のチェックはきちんと受けることが重要です。

第４章のまとめ

●シェアハウスは30歳前後の働く女性が好むデザインにする（カフェを参考に）
●リビングに大型液晶テレビを設置
●お風呂にはバスタブを
●入居者の動線も重要
●自分のシェアハウスよりも後にできた物件をチェックする
●競合相手を知り、サービス面、料金面の両方で差別化を図る
●法令で大きく関わるのは消防法と建築基準法
●シェアハウスは採光／換気などの衛生面から、各部屋に必ず窓を設けなければ営業できない
●シェアハウスは法令上、「寄宿舎（下宿）」になる
●はじめから「寄宿舎（下宿）」登録されている建物か、延べ面積２００㎡以下の物件を購入する
●入居者の安全と衛生の確保、適正な運営管理を目的に、生活ルール（ハウスルール）を設定する
●運営管理面でとくに気をつけるのは清掃

●家具、家電、食器類はリサイクルショップを活用する

第5章

「集客」の極意

——Webを活用した募集テクニック

入居者を募集する前にやるべきことは?

仕入れ(物件購入・融資交渉)と加工(リフォーム)の次は、集客(入居者募集)です。初めは流れや段取りがわからないので大変かもしれませんが、一度経験してしまえば2軒目以降はラクになります。

入居者の募集を始める前にやるべきことは、どの部屋をいくらで貸し出すかという賃料の設定です。部屋の広さ、階数、日当たり、角部屋かどうかなどの環境によって賃料に差をつけるのか、全室同じ賃料設定にするのかを決めます。

近隣の同規模物件の賃料を参考にしてもいいですし、仕入れや加工などでかかった諸経費の原価を積み上げて利益が得られる金額に設定しても構いません。できれば高く取れるほうにしたいところですが、高すぎると客付けが難しくなるので、満室になるまでは低めに設定し、入居者が入れ替わるタイミングで値段を上げていくといいでしょう。

一般的な賃貸物件の家賃の目安は収入の4分の1といわれています。30歳前後の社会人女性の月収が手取り20～25万円だとすると、家賃は月5～6万円といったところでしょう。近隣にあるワンルームの家賃相場も参考にします。私がプロデュースした物件の多くは、賃料と共益費の合計で5万円以下におさまるように設定しています。

シェアハウスでは、電気代・ガス代・水道代・インターネット料金などを個別で徴収するのは難しいため、光熱費・管理費として一律の費用を設定しているところが多いようです。その際、冷暖房の使用など、季節によって変動する点を見越して設定することが大切です。年間のデータを見て予想より高額になった場合や、一人だけ電気の使用量が極端に多い人がいれば、後日、調整していきます。

物件の清掃を業者に依頼する場合は、その費用を管理費や共益費に加えるか、清掃費として別に計上するといいでしょう。敷金・礼金、火災保険料、共益費などの諸費用についても検討し、必要に応じて設定します。

女性専用のシェアハウスなのか、男性や外国人も入居可とするのか、年齢その他の制限を設けるのかといった入居条件も決めなければなりません。また、消防法の観点から敷地内は禁煙に、悪臭やトラブル防止を配慮してペットは不可としておいたほうがいいでしょう。

第4章でもお話しした通り、ハウスルール（生活ルール）を作成して入居者に配布し、いつでも読めるようにリビングにも一部置いておきます。生活ルールの設定や、想定されるトラブルの防止・対応策については、国土交通省のホームページからダウンロードできる

「共同居住型賃貸住宅（シェアハウス）の運営管理ガイドブック」が参考になります。

1軒目のシェアハウス運営の際にあらゆる資料をしっかり作っておくことで、2軒目以降は物件情報を変更する程度で済みます。

どのような方法で集客するか

シェアハウスの入居者募集のほとんどはWebで行われています。ターゲットとなる層のインターネット利用率が高く、ネットで物件探しを行うからです。基本的には、街の不動産屋さんには出しません。不動産会社は1人客付けするごとに家賃1カ月分の仲介手数料を取るので、コストパフォーマンスが悪くなります。自分で集客から管理・運営まで行ったほうが安上がりですし、勉強にもなります。

なるべくローコストで、オープンと同時に複数の媒体で一斉にPRできるように考えて、どのWeb媒体に載せるかを選択しましょう。

ここで重要になってくるのが物件の写真です。誰が撮影しても目をひくように、特にリビングは写真映えするように作り込んでおきます。

必要な素材や文章を準備してシェアハウス専門の検索サイトに登録を申し込み、掲載手続きをしている間に、自分の物件のホームページを作成しましょう。このほか、FacebookやTwitterといったSNSも物件ごとに開設します。地域ごとに無料の情報掲示板やフリーペーパーのWeb版があるので、よさそうな媒体が見つかれば掲載してもいいでしょう。

サイトによっては、現地確認を兼ねてカメラマンが撮影に来る場合があるため、内装や家具の設置などのスケジュール管理を行い、撮影日に間に合わせます。カメラマンの交通費程度の費用を請求されるケースもあります。

シェアハウス専門の検索サイトには、掲載課金型、反響課金型、成約課金型があり、多くは反響課金型です。初期費用や月額固定料金が不要で、問い合わせが発生した時点で課金されるプランになっています。地域のシェアハウス管理会社は、成約した時点で課金される場合が多いようです。

どの大家さんもやっている反響課金型の媒体での宣伝に加え、タウン誌など従来からある掲載課金型の広告も打っておくほうが、メディアミックスの相乗効果が期待できます。たとえば、宣伝にかける予算が10万円あるのなら、3〜4万円分は紙媒体広告に出稿すると、他者と差別化ができます。

Ｗｅｂを利用して行うことを左記にまとめました。オープンに合わせて複数の媒体で一斉に告知・集客を行うのがポイントです。

- シェアハウス専門の検索サイトに掲載する
- 物件ごとにホームページを作成する
- 物件ごとにFacebookページなどＳＮＳを開設する
- 地域の情報掲示板（Ｗｅｂ）に掲載する
- その他のＷｅｂ媒体に掲載する
- タウン誌などの紙媒体にも出稿する

①仲尾流Ｗｅｂ集客のポイントと対策

物件のホームページ

自社媒体はとくに重要です。問い合わせが直接来るよう、必ず物件ごとにホームページを作っておきましょう。外注しても構いませんし、「WordPress（ワードプレス）」などの無料ホームページ作成ソフトを使って自分で作ってもいいでしょう。現在はパソコンよりスマートフォンでネット検索をする人が増えているので、スマートフォンに対応したページは必須です。

内容は次の通り、基本的なものです。

- タイトル
- キャッチコピー
- コンセプト
- 物件の特徴
- 特典やキャンペーン情報
- 外観・共用部分・個室の写真
- 間取り図
- 物件情報
- 問い合わせ先など

写真をできるだけ多く載せ、人物のイメージ写真が必要な場合は、フリー素材から適切な画像を探します。コロナ対策についても明記しておくと、入居希望者だけでなく、その親御さんも安心されると思います。ハウスルールを掲載しておくのもいいでしょう。

●参考ホームページ「エスコート松本」
https://www.go-mitani.co.jp/escortmatsumoto/

私の場合、問い合わせが10件あった場合、そのうち6件が自社サイトから、シェアハウス専門の検索サイト4媒体から1件ずつといった内訳になり、自社サイトのほうが多くなっています。シェアハウス専門サイトからの問い合わせは1件いくらの反応課金型なので、自社サイトからより多くの問い合わせが来るようにサイトを育てましょう。

Facebook、ＬＩＮＥ公式アカウント、TwitterなどのＳＮＳも一通りやっていますが（図11）、やはり一番効果があるのは自社サイトです。Facebook経由での問い合わせは、

図11　参考　Facebookページ「KOMA-PORT/tsukijiguchi」

https://www.facebook.com/komaport294

ビジネススキルの高い人が多い印象です。反対に、地元の情報掲示板（Ｗｅｂ）を利用している人は、家賃の滞納など問題が多い傾向があります。

ホームページのアクセス数を上げるために、最初の1～2年はリスティング広告（検索連動型広告）を行うといいでしょう。リスティング広告とは、「Yahoo! JAPAN」「Google」などの検索エンジンで、検索結果に連動して表示される広告のことです。「地域名」「シェアハウス」といったキーワード単位で広告出稿でき、ユーザーの興味・関心に合わせて検索結果ページに表示されます。私は、物件の競合相手の「レオパレス21」もキーワードに入れています。

街の不動産屋さんに、1人客付けするごとに家賃1カ月分の仲介手数料を取られるのであれば、その分、リスティング広告にお金をかけたほうがコスパはよくなります。リスティング広告は月5万円くらいなので、10部屋あれば1部屋あたり５０００円で済みます。最初にお金をかけて、ＳＥＯ（Search Engine Optimization）が上がってくるか満室になれば、あとは自然とアクセス数が増えていきます。

ＳＥＯとは「検索エンジン最適化」とも呼ばれ、自分のホームページを「Yahoo! JAPAN」や「Google」など、検索エンジンの検索結果の上のほうに表示させるテクニックのことです。検索結果の上位に表示されるほどユーザーの目につきやすく、よくクリックされるので、それだけホームページのアクセス数も多くなります。

基本的なテクニックを1つご紹介します。自社サイトのタイトルや本文などには、シェアハウス名だけでなく、入居希望者がよく検索する「(地域名) シェアハウス」などのキーワードも必ず入れましょう。

②仲尾流Ｗｅｂ集客のポイントと対策

シェアハウス専門の検索サイト

シェアハウス専門の検索サイトでは、「シェアシェア」と「ひつじ不動産」がおすすめです。入居者募集中の全国のシェアハウスが検索できます。ほかにも「シェアハウス 検索サイト」で検索して、好みに合うものを見つけてください。

- **シェアシェア**

https://share-share.jp/

- **ひつじ不動産**

https://www.hituji.jp/

シェアハウス専門の検索サイトでは、決められたフォーマットに沿って写真や文章、必要事項を入力するだけで物件のページが作成できます。おすすめ物件としてトップページに掲載される期間が決められているので、事前に確認して期間内に集中的に募集を行いましょう。2週間程度で自動的に満室表示となり、クローズされることがありますが、自分で更新すれば再表示されます。できれば曜日を決めて、すべての媒体の情報を週に1回は更新しましょう。

地方ではまだまだシェアハウスが珍しいので、テレビ・タウン誌・新聞などが取材に来ることもあります。オンエアや掲載後のメディア情報は、必ず物件のホームページにも載せてアピールします。

こちらからメディアに取り上げてもらいたい場合は、地域の媒体をリストアップして、オープン前に一斉にニュースリリースを送るといいでしょう。有料の媒体については露出を控えたほうが賢明です。

一度出演してしまうと、次々と依頼が来るようになります。有料広告は、費用対効果を考えて慎重に行いましょう。

物件の見学に来た人の成約率は、私の体感では5割といったところです。3割を下回った場合は、何らかの問題があるはずです。ホームページやシェアハウス専門検索サイトの文言を見直すか、賃料の設定を見直すか、物件そのものにマイナス面がないかどうかを見直す必要があります。information❻「平均点を上げて、選ばれる物件に！」（141ページ）を参考にしてください。

③仲尾流リアル集客のポイントと対策

近隣へのごあいさつを忘れずに

私の講座の受講生が福井県で運営しているシェアハウスの事例をご紹介します。

近くに専門学校があったため、ダメ元でオープン前にチラシと名刺を持ってあいさつに行ったそうです。すると、急きょ、その学校に毎年20人ほどの外国人留学生が通うことになり、同校から20部屋貸してほしいという連絡がありました。残念ながら12部屋しかない物件で、すでに3人の入居者が決まっていたため、9部屋しか用意できませんでした。他の物件を紹介してほしいとお願いされ、最終的には20人中4人が入居してくれたそうです。

通常、賃貸経営のオーナーが表に顔を出すことは少ないのですが、シェアハウスの場合は積極的に出ていったほうがうまくいきます。物件のご近所さんには早めにあいさつに行って、チラシや名刺を配っておきましょう。

とくに、近くに英会話スクールや外国人が働く企業があるときは、必ずチラシと名刺を持ってあいさつに行きます。欧米人の女性が入居していると、日本人女性の反応が断然よくなります。シェアハウスに興味がある人は、国際交流にも関心があるのかもしれません。欧米女性には積極的に宣伝しましょう。

シェアハウスは最初の1、2人を入居付けするのがもっとも難しいのです。入居者同士の交流によるにぎやかなイメージがあるので、入居者が誰もいないと成約しづらくなります。私は、ある物件で22部屋の1人目が入居した後、2週間経っても誰も決まらなかったときは、退去されたらどうしようかと思って、ほぼ毎日差し入れを持って訪ねたことがあります。広い家に1人だけだと夜間は怖いのではないかと心配でしたが、2人目が決まると3人目以降は次々と決まっていき、ホッとしました。

地方の物件ほど、チラシの配布やご近所さんの口コミが重要です。チラシを見てWebで詳細を確認し、Webから問い合わせが来るケースもあります。入学や転勤で引っ越しが増える春に合わせて、少し早めに冬の間からチラシを配っておきましょう。外国人の場合は国によって学期の始まりが異なりますが、欧米は9月スタートが多いようです。

第5章のまとめ

- 入居者募集はＷｅｂで行う（基本的には不動産屋には出さない）
- 重要なのは物件の写真
- オープンに合わせて複数の媒体（専門サイト／ホームページ／Facebook／地域の情報掲示板／タウン誌など）で告知、集客する
- 物件ごとのホームページを開設する
- シェアハウス専門の検索サイトに登録
- 近隣へのごあいさつを必ず行う

information❻ 平均点を上げて、選ばれる物件に！

物件選びは足し算です。どれか一つがズバ抜けているだけではダメで、家賃、デザイン、設備、条件などの総合点で選ばれます。特に女性は、マイナスの部分に目がいってしまいがちなので、一つでも気になるところがあると、最終的にはそれがネックになって成約に至らないことがあります。すべてがバランスよく平均点を超えているほうが選ばれやすくなるので、各項目の平均点を上げましょう。

成約率アップに効果的なのは、キャンペーンです。不動産業界には、成約した御礼に不動産屋さんに家賃1カ月分を払う慣習がありますが、まったくメリットがないばかりか、業者が仲介手数料をもらって当たり前という空気になっています。これではコストが増えるだけです。

シェアハウスは入居者と直接交渉できるので、仲介手数料を払わなくて済む分を入居者のために使うことができます。たとえば、成約したら人気のコスメをプレゼントする、自転車をプレゼントする、学生向けに入居後の1～3カ月程度の家賃を「フリーレント」にするなど、これまで私はさまざまなキャンペーンを実施して喜ばれています。

学生が入居先を決めるにあたっては、合格がわかった時点で早めに部屋を押さえておきたいという心理が働きます。そこで、2月中に成約すれば家賃の支払いは4月分からで

OKとしています。

女性向けのパウダールームがある物件では、大手家電メーカーにスポンサーになってもらっています。髪がツヤツヤになるヘアケア機能付きドライヤーやレンタル美顔器など、最新の美容家電を自由に使えるため、入居者からは好評です。キャンペーンは、季節や入居者、土地柄に合わせて考えるといいでしょう。

第6章

「管理」で入居者をつなぐ
――入居者審査、契約手続き、ハウスルール

「自主管理」or「管理会社」どちらがいいの？

集客（入居者募集）の次は、見学者の案内や入居審査、契約、入居後のフォローといった管理業務です。自主管理は手間や労力がかかりますが、その分経験することや気付きが多く、勉強になります。管理会社に委託する場合は、手間や労力は要りませんが、コストがかかります。どちらを選ぶかは、あなた次第です。

不動産投資の初心者は5部屋程度の物件からスタートして、次は10部屋と少しずつ大きくしていくのが理想的です。10部屋未満の物件の場合は、私は自主管理をおすすめしています。

10部屋以上の場合は、業者に管理費を払っても利益が出るのであれば、管理会社に任せてもいいでしょう。サラリーマン大家さんの場合、多忙で自主管理が難しければ、管理会社に委託して管理会社からノウハウを学ぶという手もあります。

サラリーマンや主婦に管理はできるのか？

自宅から30分～1時間程度で行ける物件であれば、自主管理は十分可能です。私自身、不動産投資を始めた当初はサラリーマン大家でしたが、平日は会社に通いながら自主管理していました。私の講座の受講生にも、会社勤めをしながら自主管理している人がたくさんいます。

ポイントは、入居者が掃除をしやすいように、目につくところに清掃用具を置いておくことです。そうすれば、ひどい汚れで清掃に時間がかかることがありません。小さな物件であれば、休日の朝、掃除に行って昼には帰って来ることができます。見学の案内も、土日か平日の夕方以降が多いので対応可能です。

一度、夜中に部屋の鍵を失くしたという緊急連絡が入った経験がありますが、さすがにどうしようもないので、その日はリビングで寝てもらい、翌日以降に対応しました。大きなトラブルはほとんど聞いたことがなく、騒音などのクレームがあった場合でも、休日の昼間に行って入居者さんと話すことで解決しています。

入居者管理の重要ポイントとは？

入居者管理で重要なポイントは、入居者審査、契約手続き、ハウスルールの徹底の３つです。
入居者の審査を行うことで、入居後のトラブルを未然に防ぐことができます。とはいえ、一対一で向かい合って座り、面接を行うようなことはお互いに抵抗があると思います。

そこで、入居希望者が見学に来た際、案内をしながらヒアリングを行うといいでしょう。雑談の中で「引っ越しの理由」「現在の仕事内容」「現在の住まいについて」などを聞き出し、自分の物件に入居させてもいい人物かどうかをチェックしていくのです。不審な言動や心配な点があれば、当たり障りのない理由をつけて、後日、電話やメールでお断りします。問題がなければ、契約書を交わします。

一般的に、賃貸住宅では「普通借家契約」と「定期借家契約」の2種類があります。シェアハウスの場合は、「定期借家契約」を採用するといいでしょう。

「普通借家契約」は、正当な事由がない限りオーナーから更新の拒絶や解約ができません。このため、マナーの悪い人や家賃の滞納者など、悪質な入居者に居すわられる可能性があります。

一方「定期借家契約」は、あらかじめ期限を定めておくことで、契約満了時に更新することなく確実に契約が終了します。お互いが継続を希望する場合は、再契約を行います。「定期借家契約」にしておけば、万が一、悪質な入居者だった場合は、契約満了時に退去してもらうことが可能です。

契約書のひな型は、「定期賃貸住宅標準契約書」が国土交通省のサイトからダウンロードできます（「定期借家契約書　ひな形」で検索）。最初は、3カ月または6カ月の契約で始めます。問題がなければ再契約ができることを説明し、もし、ルールやマナーを守れない場合は、再契約せずに退去してもらうことを伝えます。1年以上の「定期借家契約」の場合、貸主は契約満了の1年前から6カ月前までの間に、借主に契約が終了することを通知する必要があるので、契約期間を1年未満にするのがコツです。

「普通借家契約」と「定期借家契約」の違いについて、詳しくは、「シェアハウスガイドブック」（国土交通省）の10ページの図を参考にしてみてください。

https://www.mlit.go.jp/common/001207549.pdf

契約手続きと同時に、入居者一人ひとりにハウスルールをきちんと説明しておくことも重要です。外国人には、英語版ハウスルールに加えて、ごみの出し方についても丁寧に説明しておきます。地域によってごみの分別方法が異なる上、衛生面でも大切なことなので、必ず守ってもらいましょう。

ハウスルールの作成については前述しましたが、事前にルールを説明して書面を交わしておけば、ルールを守らない人には段階的な警告を行い、退去してもらうことができます。

なお、入居者同士のトラブルには絶対に立ち入らないことです。間に入るとややこしくなってしまうので、一応、双方の話は聞きますが、基本的には本人同士で解決してもらいます。その点についても、ハウスルールに書いておきましょう。

新型コロナウイルス感染症対策や新しい生活様式についての注意喚起用のイラストやポスターは、厚生労働省のほか、市区町村のホームページなどからもダウンロードできるようになっているところが多いようです。最新版をプリントして、玄関やリビング、洗面所、手指用のアルコール消毒液を置いているところなど、目につきやすいところに掲示しておくのがおすすめです。

地元にシェアハウスの管理会社がない場合

シェアハウス専門の管理会社は、47都道府県のほとんどにありません。しかし、不動産会社があれば委託できます。自主管理できない場合は、アパマンショップなどフランチャイズ系の賃貸不動産会社や、いわゆる街の不動産屋さんに相談し、管理を委託するといいでしょう。

委託すると、入居希望者の見学案内から、家賃の回収、清掃・巡回といった入居者管理をしてもらえますが、残念ながら肝心の客付けが弱いので、集客は自分で行うことになります。

なぜ仲介を頼んでもなかなか成約に至らないのかというと、そもそもシェアハウスというものを理解して説明できる人材がいないからです。また、単価が安いのも理由の一つです。不動産会社は、1人客付けするごとに家賃1カ月分の仲介手数料を取って稼いでいるわけですから、家賃の安いシェアハウスを紹介しても儲けが薄いのです。当然、よくわからない安い物件を紹介しようとは思わず、ほかの単身者用マンションを仲介して稼いでいくことになります。

Webを活用して自分で宣伝、集客を行い、空室を埋めていくしかありません。

入居者イベントはメリットが大きい

シェアハウスでは、さまざまなイベントが開催されています。なぜなら、入居者同士が仲良くなることで連帯感が生まれ、共同生活がスムーズにいくからです。新しい入居者があった場合は、必ずウエルカムパーティーを開きます。そこでお互いに自己紹介してもらい、交流を促します。

シェアハウスをオープンした1年目は、オーナーや管理会社から積極的に声をかけてイベントを開くようにしましょう。お花見、イースター、七夕、納涼会、お月見、ハロウィンパーティー、クリスマスパーティーといった季節のイベントのほか、たこ焼きパーティー、ワインパーティーなど、なんでも構いません。オーナーや管理会社は準備と片付けを手伝うだけで、あとは入居者に自由に楽しんでもらいます。

何度か続けているうちに、入居者から自発的にアイデアが出てくるようになります。リーダー役となる人がいれば、費用を渡してお任せしてしまってもいいでしょう。イベントの楽しげな様子を写真に収め、SNSに載せることで宣伝効果も大きくなります。退去せずに契約を更新してくれる人が増えれば、家賃収入の安定につながります。予算数千円〜

1万円程度の飲食代を負担するだけですから、パーティーのコスパは高いといえます。
2年目になったら入居者の自主性に任せて、オーナーや管理会社は、あまり深くかかわらないようにします。親しくなりすぎると、なぁなぁの関係になり、家賃の滞納などが起きる場合があります。入居者とは、適度な距離感を持って接することが大切です。

なお、新型コロナウイルス対策の特別措置法に基づく「緊急事態宣言」が出されて以降、私のシェアハウスの入居者たちは、自主的にイベントの開催を控えていました。心配になってアルコール消毒液を持って各物件を回ったのですが、すでに設置されていたところもありました。リビングやキッチンなどの共有スペースも密にならないよう、自発的に譲り合って利用したり、換気に気を配ったりしてくれているのは、入居者のほとんどが30歳前後の社会人で、共同生活のルールやマナーを守れる人が多いからだと言えます。入居時の審査で、どのような人に入居してほしいかの線引きをしておくことは、やはり大切だと実感しました。

第6章のまとめ

- 自主管理は経験や気付きが多く、勉強になる
- 入居者が清掃しやすいよう、目につくところに清掃用具を置く
- 入居者管理で重要なのは、審査／契約手続き／ハウスルールの徹底
- 「定期借家契約」を採用する（国土交通省のサイトからひな形をダウンロード）
- イベント開催で共同生活がスムーズになる
- 入居者とは適度な距離感を保つ

information❼ 長く運営していくためのコツとは？

シェアハウスを長く安定して運営していくコツは、最初の事業計画にあります。物件の仕入れのときに、常に満室を維持していかなければならないというギリギリの計画を立てていると、失敗することが少なくありません。

計算上は利回り30％でも、いざ運用していくと何かしら予想外の経費がかかり、5％くらいは落ちてしまうものです。それに耐えられるような、ゆとりのある事業計画であれば大丈夫です。満室時利回りが10％ない状態で始めると、ローンを支払ったら赤字ということもあります。

もう一つのコツは、いかにトラブルを回避するか、事前の対策が重要です。予想される入居者同士のトラブルをピックアップし、ハウスルールに書いて説明しておくことで防ぎます。物件のご近所にもできるだけ早くあいさつに回り、キーマンとなる人物を把握しておきます。町内会費も自分から払いに行きましょう。

ご近所への事前説明を怠ると、「あの家は大勢の若者が頻繁に出入りしている。何があるのか、あやしい……」と思われ、最悪の場合、警察に通報されることもあるので気をつけましょう。

information❽
シェアハウス事業を法人化するタイミングはいつか？

個人事業主が法人化を検討するタイミングは、不動産所得が８００万円を超えるかどうかのラインが最初の目安になります。不動産所得が増えるほど、法人化して不動産を管理したほうが節税効果は高くなります。

今は会社設立のための書類作成が、インターネットで手軽にできる時代です。しかし、法人化には、売り上げがゼロでも法人税均等割がかかる、法人の確定申告は処理が煩雑で税理士報酬も高くなりがち、住所や代表者など法人情報がインターネットで公開されるので営業が殺到する、サラリーマンの副業がばれやすくなる――といったデメリットもあります。

税理士や司法書士などの専門家に相談して、法人化のメリット・デメリットをしっかり学んでから決断しましょう。

第7章

シェアハウスによる地域貢献
――「三方よし」の考え方

生き残るためのキーワードは「貢献」「共感」「バランス」

コロナの前も後も、私が不動産投資を行う理由の一つが「地域貢献」であることに変わりはありません。第1章でも述べたように、私は全国にシェアハウスが増えることで、「地域の安全や景観を損ない、過疎化やインフラ崩壊を招く空き家の増加」「外国人労働者の増加による住居不足」「高齢者や低額所得者、ひとり親世帯、障がい者、被災者、外国人など、住まい探しに困っている方の支援」といった社会問題の解決につながると考えています（20ページの「シェアハウス投資がこれからの日本を助ける!?」「シェアハウスのマーケットを知ろう」（24ページ）参照）。

これまで、民泊を含めて、1円でも多く儲けようという考えで不動産投資を行ってきた利益追求型のオーナーさんは、間違いなく今後の経営が厳しくなることでしょう。これからの時代を生き残っていくには、「貢献」「共感」「バランス」が重要で、これらは今や世界のトレンドともなっている「ＳＤＧｓ」や「ＥＳＧ投資」の考え方とも合致しています。

（「ＳＤＧｓ」「ＥＳＧ投資」については１６５ページのinformation⓾参照）

これからは個人投資家も『論語と算盤』型事業展開を意識しよう

ＳＤＧｓやＥＳＧ投資といった、地球環境や社会などに配慮した責任ある経営が求められているのは、大企業だけの話ではありません。

日本では古くから商いの心得として、「売り手と買い手がともに満足し、社会貢献もできるのがよい商売である」とされてきました。近江商人の商道徳「売り手よし・買い手よし・世間よし」の「三方よし」という言葉がそれを表しています。近年これに、「働き手よし」や「作り手よし」「未来よし」など企業独自の文言が追加され、「四方よし」のスローガンを掲げている経営者もいます。

大企業だけでなく中小零細企業も、個人投資家も家族経営の小さな商店主も、今後はいかに社会に貢献し、お客様・世間様の共感を得て、儲けることと社会に還元することのバランスを取れるかが、継続して利益を上げることにつながるのです。

融資においても同じことがいえます。銀行の評価では引き続き担保価値が優先されますが、これからはＳＤＧｓに合致するかどうかも融資審査のポイントになっていきます。特に地銀や信金は、もともと地域貢献に重点を置いていますから、オーナーさんがどのような姿勢で事業に取り組んでいくのかを問われるようになるでしょう。今後は、シングルマザー向けのシェアハウスや高齢者向けのシェアハウス、在日外国人を積極的に受け入れるシェアハウスなど、地域に貢献したいというオーナーさんの思いが表れた物件が増えていくものと思われます。

また、これまでの借入状況の内容が悪い人は、完済するか物件を売却しないと、新たに融資を受けられなくなる可能性がありますが、新規参入者にとっては追い風だと言えます。2020年秋頃から経済を上向きにするための施策や補助金、助成金がいろいろ出てきて、追加融資も受けられるようになってきています。

たとえば、コロナ禍で急きょテレワークを始める企業が増えましたが、Wi-Fiなどのインターネット環境や、オンライン会議やデスクワークを行う環境が整っていない家庭が少なくありませんでした。その点、シェアハウスにはシアタールームなどの共有スペースがあるので、そこに電話ボックス型の防音室を設置してワークスペースとして使うことができますし、これを楽器の練習などにも活用できます。住人同士で得意なことを教え合ったり助け合ったりすることで、コミュニケーションの促進にもなります。設備投資として必要な助成金は出るので、ワンルームマンションなどの競合する物件との差別化を図るといいでしょう。私もこういった補助金、助成金を利用して、電話ボックス型の防音室や、置き配用の宅配ボックスを設置しようと考えています。

利益を得たいのであれば、それだけの価値があるサービスをお客様（入居者）に提供すること。利益を得ることができたら、すべてを懐に入れずに入居者や地元に還元すること。

地域貢献とお金儲けをバランスよく行うこと。これからの経営者は、どう働き、どう生きるべきかを問われる時代になったのです。私自身も年齢を重ねるごとに社会に貢献したいという思いが強くなり、コロナ禍で不足したマスクを三重県庁・志摩市・鈴鹿市に合計1万枚寄付させていただきました。こういったことは、それなりの利益を上げているからこそできることであって、ボランティア精神だけでは続けられません。

地域貢献とお金儲けの両立については、渋沢栄一の書いた『論語と算盤』が非常に参考になりました。各界のリーダーが、経営理念を養う指南書や生き方の教科書として推薦しているので、既に読まれた方もいらっしゃるかもしれません（渋沢栄一については167ページのinformation⓫参照）

ここからは、シェアハウスが地域貢献につながった実例を3つご紹介します。

▼実例1　入居者同士が結婚！　シェアハウスが出会いの場に

第1章でご紹介した名古屋市港区の元旅館をリノベーションしたシェアハウスでのことです。開業準備中にお隣の会社の社長さんから呼び出されてシェアハウスの説明をしたのがご縁で、新入社員用の社宅として一室を借りていただいたのですが、そのときに入居した新卒の男性がのちに、彼より半年前から住んでいた女性と結婚しました。

日本の生涯未婚率が年々上昇している中、私のシェアハウスが出会いの場となり、カップルが成立したうれしい事例でした。

▼実例2　数年ぶりに地域の祭りで神輿が上がった

同じく名古屋市港区のシェアハウスでのことです。近くにある築地口商店街も、他の商店街と同じく高齢者ばかりで、若手と呼ばれる数人が40代という状況でした。シェアハウスに20代後半から30代前半の22人が入居し、商店街で買い物や飲食をするようになったことで、地元の人たちと親しくなりました。その結果、彼ら入居者が町おこしに参加し、商店街のポスターやチラシに若者が登場したり、神輿の担ぎ手となって祭りを盛り上げたりして地域に活気が戻ったと大変喜ばれました。

私までもが感謝されて、入居者の紹介や空き物件の情報をもらったり、地元のイベントの企画会議にも呼んでいただいたりしました。そこで、行政に補助金を申請して、皆さんと一緒に商店街のさらなる活性化を図ろうと事業計画書を提出しました。残念ながらコンペで負けてしまい、企画は変更になりましたが、30歳前後の若者が加わったことで、町おこしに必要な「思い」と「行動力」が高まり、少しずつ商店街や町が元気になっていきました。

東日本大震災の後、各地で地域の絆づくりが課題となっていますが、今回の新型コロナウイルスの件でも、自助や共助の重要性がより注目されるようになりました。公助は私たちのもとに届くまでにかなりの時間がかかります。何かあったときは、まずは自分たちで協力し合って命を守る行動が必要です。シェアハウスをきっかけに高齢者と若者の絆が深まり、助け合いの精神やコミュニティの質が向上していけば、素晴らしいと思いませんか。

▼実例3　シェアハウス入居者がわずか3カ月でオーナーになっていた

私のスクール受講生がオーナーをしているシェアハウスの入居者が、同じスクールに通ってくれるようになりました。当時27歳の男性でしたが、3カ月であっという間にシェアハウスのオーナーとしてデビューしたのです。彼はとても熱心な生徒で、受講するたびに

「次までに読んでおいたほうがいい本はありますか?」などと積極的に質問してくれていたので、私も注目していました。

9月に受講し始めて11月には既に物件が決まっていたのですから、その行動力には生徒の誰もが驚きました。7部屋のシェアハウスからスタートし、今後も2軒目、3軒目と事業を拡大していってくれるだろうと期待しています。

彼のように順調に利益を上げて地域に貢献できる人材を育成することも、社会のお役に立てる行いだと信じています。

第7章のまとめ

- シェアハウスは社会問題の解決につながる
- 社会に貢献し、お客様と世間の共感を得て、儲けることと社会還元のバランスを取ることが重要
- 「SDGs」の考え方に合致させる
- 地域貢献とお金儲けの両立を目指す

information❾ 中古物件購入時の注意点とは？

宅地建物取引業法の一部が改正され、2018年4月1日以降、不動産の重要事項説明書に「インスペクション」の結果説明が義務付けられました。

インスペクションはホームインスペクション（住宅診断）とも呼ばれ、目視による建物の調査で基礎や外壁に生じているキズやひび割れ、雨漏りなどの劣化事象・不具合事象の状況を診断するものです。これは中古住宅の品質を保証するのではなく、欠陥住宅かどうか、どれくらいの修繕費がかかるのか、あと何年くらいもつのかといった建物のコンディションを把握することが目的です。

ここで注意したいのが、インスペクションの実施そのものが義務化されたのではなく、インスペクションを実施済みかどうかの説明、実施済みであればその調査結果を説明することが義務化されたということです。取引の透明性を高め、買い手の不安を払拭することで、中古住宅の売買件数を増やすことが改正目的の一つです。

中古物件を購入する際は、インスペクションの結果をよく確認することです。インスペクションを受けていない物件であれば、5～6万円くらいから診断してもらえるので、診断を受けてから売買しましょう。入居者さんに、「築年数は古いけれど、住宅診断を受けている建物ですよ」と伝えることで安心感を与えることができます。

古い家屋を再生してシェアハウスにする場合は、水回りは改装するという前提で購入します。特にトイレは重要で、和式トイレは必ず洋式に変えます。建物が古くてもトイレが新しければ、デザイン次第で女子うけします。できれば、玄関や各部屋のドアには、電子ロックを付けるといいでしょう。

リフォーム工事前に役所や消防署に図面を持っていき、アドバイスをもらうことも大切です。「事前に消防署の指導も受けています」と言えることで安心材料が一つ増えます。古民家再生は、市町村によっては補助金が出ることも多いので調べてみましょう。

information⑩
ＳＤＧｓと「ＥＳＧ投資」とは？

「ＳＤＧｓ（エス・ディー・ジーズ）」とは、Sustainable Development Goals（持続可能な開発目標）の略称で、２０１５年９月の国連サミットで採択され、国連加盟１９３カ国が２０１６年から２０３０年の15年間で達成するために掲げた17の目標のことです（図A）。投資家を中心としたビジネスの観点からも、持続可能な世界を実現する動きが加速しています。

その証拠に、「ＳＤＧｓ」とともに世界のトレンドとなっているのが「ＥＳＧ投資」です。「ＥＳＧ投資」とは、環境（Environment）、社会（Social）、企業統治（Governance）の３つの要素に注目して企業を分析し、ＥＳＧに配慮した責任ある経営をしている企業に投資することをいいます（図B）。

ＥＳＧの観点が薄い企業は消費者から支持されなくなり、長期的な成長が期待できなくなります。投資の対象になるのは、ＳＤＧｓの達成に貢献している企業だという考え方が浸透しつつあるのです。

図A　SDGsの17の目標

目標1	貧困をなくそう
目標2	飢餓をゼロに
目標3	すべての人に健康と福祉を
目標4	質の高い教育をみんなに
目標5	ジェンダー平等を実現しよう
目標6	安全な水とトイレを世界中に
目標7	エネルギーをみんなにそしてクリーンに
目標8	働きがいも 成長も
目標9	産業と技術革新の基盤をつくろう
目標10	人や国の不平等をなくそう
目標11	住み続けられるまちづくりを
目標12	つくる責任 つかう責任
目標13	気候変動に具体的な対策を
目標14	海の豊かさを守ろう
目標15	陸の豊かさも守ろう
目標16	平和と公正をすべての人に
目標17	パートナーシップで目標を達成しよう

図B　ESGの3要素

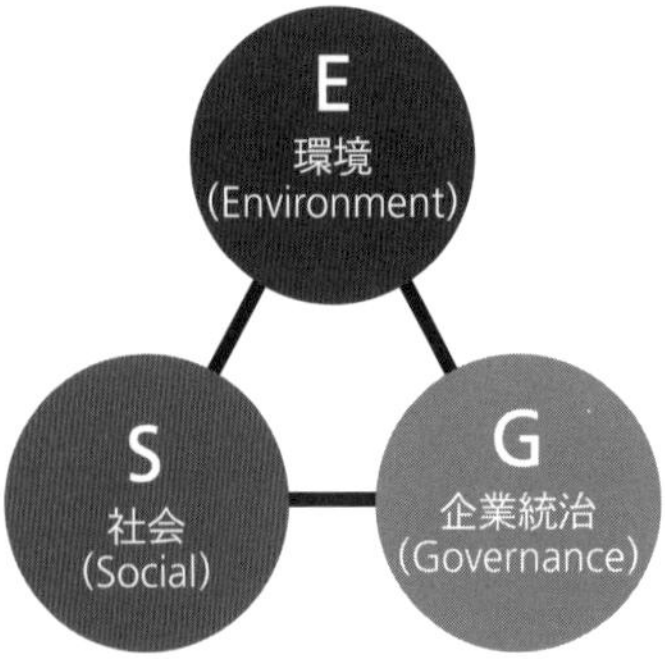

E=環境 (Environment)	環境に配慮（二酸化炭素の排出量が多くないか、環境汚染をしていないか、再生可能エネルギーを使っているかなど）
S=社会 (Social)	社会に貢献（地域活動への貢献、労働環境の改善、女性活躍の推進など）
G=企業統治 (Governance)	収益を上げつつ、不祥事を防ぐ経営

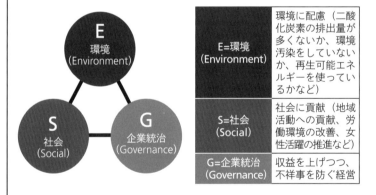

information⑪ 渋沢栄一の『論語と算盤』

渋沢栄一は江戸後期に生まれ、昭和初期に亡くなった人物で、令和の今も生き残っている多くの企業の設立に携わり、「日本資本主義の父」「実業界の父」「金融の父」「日本近代化の父」などと呼ばれています。

2021年のNHK大河ドラマ『青天を衝け』の主人公に取り上げられており、2024年に発行される新しい一万円札の顔になると発表されました。

この渋沢栄一のモットーが「論語と算盤」で、自分たちの利益だけを考えずに道徳とビジネスを調和させることで社会は健全に発展すると説いたのです。リーマンショックをきっかけに日本の経営者から注目が集まり、CSR（企業の社会的責任）が問われる時代のビジネスの原点として渋沢栄一を学ぼうという機運が高まりました。

渋沢栄一が携わった企業は、第一国立銀行（現：みずほ銀行）、東京海上火災保険（現：東京海上日動火災保険）、王子製紙、東洋紡、共同運輸会社（現：日本郵船）、日本鉄道（現：JR東日本）、田園都市（現：東京急行電鉄）、帝国ホテル、東京電力、東京ガス、東京株式取引所（現：東京証券取引所）、麒麟麦酒（現：キリンホールディングス）など、約500社。同時に、日本赤十字社、聖路加国際病院、早稲田大学、日本女子大学、一橋大学など、約600の社会事業、慈善事業にも取り組んでいたのですから、ビジネス界から注目されるのも納得です。

ちなみに、メジャーリーグで二刀流に挑戦中の大谷翔平選手は読書家としても知られていますが、日本ハムファイターズ在籍当時、栗山英樹監督にすすめられて、人間力をつけるために渋沢栄一著『論語と算盤』を読んだそうです。現代語訳やマンガ版なども出版されているので、皆さんも興味がありましたらご一読ください。

不動産を持つことは目的ではなく、夢を叶えるスタートラインに立っただけ

就職氷河期に社会人になった私は、世の中の景気がよかった時代を見ていません。そのため、自分の年収は自分で創出していかなければならないと思い、サラリーマン時代から一つずつステップアップし、目標を実現してきました。

会社をリタイアしてからは、中古物件をリノベーションして皆さんに喜んでもらえるシェアハウスを提供することで、収入と資産を得ることができました。次に、自分がやってきたことを世の中にもっと知ってもらおうと思い、賃貸経営のノウハウを教えるスクールを始めました。そして、安心と、自分が好きなことを好きなだけ好きな仲間とできる時間を手に入れました。

不動産を持つことは目的ではなく、夢を叶える手段です。不動産投資だからこそ、若いうちに収入と資産を得ることができたのです。

早い段階で資金的な余裕ができれば、人生の選択肢と時間が増えます。息子にも早いうちからマネーリテラシーを学ばせようと、小学1年生のときに大家さんデビューをさせました。彼の名義で戸建て物件を購入し、一緒に草刈りやDIYをしてシェアハウスの運営

管理を行っています。

今後も、私にしかできないことをやっていきたいと思います。さらに大きな物件を扱うには専門知識が必要だと感じ、今後は建築も学び、もっと法令にも詳しくなりたいと思っています。難しいことほどやりがいやおもしろさを感じるので、できれば重要文化財の再生や、廃校になった小学校を丸ごと借りてのシェアオフィスや民泊などにも挑戦してみたいと考えています。

今回の新型コロナウイルスの件で誰もが感じたように、人生にはいつどんなことが起こるかわかりません。やりたいことを後回しにして後悔しないためにも、不動産投資で安定した収入と資産を得て、夢を叶えるスタートラインに立っていただきたいと思います。

2021年4月　仲尾正人

共同居住型賃貸住宅（シェアハウス）の運営管理ガイドブック
（「国土交通省　シェアハウスガイドブック」で検索）

http://www.mlit.go.jp/jutakukentiku/house/jutakukentiku_house_tk3_000056.html

一般社団法人不動産競売流通協会「981.jp」
（競売不動産検索サイト）

https://981.jp/

全国地価マップ

https://www.chikamap.jp/

物件の参考ホームページ「エスコート松本」

https://www.go-mitani.co.jp/escortmatsumoto/

物件の参考Facebookページ「KOMA-PORT/tsukijiguchi」

https://www.facebook.com/komaport294

シェアハウス専門の検索サイト

- シェアシェア
  https://share-share.jp/

- ひつじ不動産
  https://www.hituji.jp/

SDGs参考資料ダウンロード先

https://www.unic.or.jp/files/SDG_Guidelines_AUG_2019_Final_ja.pdf

巻末付録

シェアハウス関連Webサイト（QRコード付き）

不動産物件情報

- アットホーム
  https://www.athome.co.jp/

- スーモ
  https://suumo.jp/

- ライフル ホームズ
  https://www.homes.co.jp/

- 健美家
  https://www.kenbiya.com/

- 楽待
  https://www.rakumachi.jp/

- 不動産ジャパン
  https://s.fudousan.or.jp/

登記・供託オンライン申請システム

- かんたん証明書請求
  https://www.touki-kyoutaku-online.moj.go.jp/

登記情報提供サービス

https://www1.touki.or.jp/gateway.html

仲尾正人（なかお・まさと）

株式会社コマヴィレッジ代表取締役
J-REC認定コンサルタント

三重県鈴鹿市出身。大学卒業後、アパート・マンションの建築および不動産を手がける会社に就職。その傍ら、自らも24歳で不動産投資に挑戦し、27％という高利回りを実現。その後、金融機関の融資を活用し、11棟188室まで資産を拡大した。

入居率50％以下のマンションを安く買い、高い稼働率で運用したり、使われなくなった旅館や社員寮などをシェアハウスなどに改装して高収益物件へ再生し、それらの収益の一部を地元に還元するという「社会貢献型不動産投資術」を確立した。

コロナ禍においても資産形成を続けて収益を伸ばし、2020年、医療従事者へ医療用マスクを1万枚寄付したことにより三重県知事ほかから感謝状を贈られる。

自身の成功体験を全国のビジネスマンや起業家へ伝えたいとの思いから、2017年より「ソーシャルビジネススクール」「空き家オーナークラブ」などのコミュニティ運営にも力を注いでいる。

企画協力　有限会社インプルーブ　小山睦男
編集協力　山本哲也　羽田野友美子　吉田孝之
装幀・組版　大山真葵（ごぼうデザイン事務所）
校正　菊池朋子

サイドビジネスに最適！ 空き家・空きビルを活用
地域貢献型シェアハウス投資

2021年7月2日　第1刷発行

著　者　仲尾正人
発行者　松本　威
発　行　合同フォレスト株式会社
〒184-0001
東京都小金井市関野町1-6-10
電話 042-401-2939　FAX 042-401-2931
振替 00170-4-324578
ホームページ http://www.godo-forest.co.jp
発　売　合同出版株式会社
〒184-0001
東京都小金井市関野町1-6-10
電話 042-401-2930　FAX 042-401-2931
印刷・製本　新灯印刷株式会社

ISBN 978-4-7726-6191-1　NDC 336　188 × 130